스킬 퍼스트
SKILLS FIRST

스킬 퍼스트

HR의 새로운 패러다임

홍정민
변솔
이승태

지음

SKILLS
BASED
ORGANIZATION
&
HR

SKILLS FIRST

plan b
DESIGN

차례

Module

3 스킬 기반의 HR

서문

전 세계적으로 경제의 불확실성이 심화되면서 위기와 기회를 균형 있게 바라보며 미래를 대비하는 지혜가 그 어느 때보다 중요해졌다. 특히 급변하는 기술 환경과 디지털 전환은 우리에게 비즈니스를 혁신할 수 있는 커다란 기회가 되는 동시에 새로운 위협이 되고 있다.

세계경제포럼World Economic Forum, WEF에서 발간한 〈The Future of Jobs Report〉에 의하면 기업들이 비즈니스 혁신을 추진하는 데 가장 큰 걸림돌로 '스킬 격차Skill gap'를 꼽는다. 스킬 격차란 기존 인력이 새로운 기술과 역량을 습득하는 속도가 외부 환경의 변화 속도를 따라가지 못하는 현상을 의미하며, 이는 기업의 생존을 결정짓는 중요한 화두가 될 것으로 보인다.

급변하는 비즈니스 환경에서 빠른 학습과 적응을 위한 새로운 인재 관리 기준으로 '스킬'이 부상했다. 스킬은 '특정 작업을 효과적으로 수행할 수 있는 구체적인 능력이나 지식'을 의미한다. 기존의 '역량'이 특정 직무와 역할에 기반한 포괄적 개념이었다면 스킬은 더 작은 단위로 비즈니스 성과에 직접 기여하는 실질적인 능력이라는 데 차이가 있다.

디지털 혁명의 가속화와 글로벌 경쟁 심화로 인해 기업들은 더 이상 직무 중심의 인재 관리로는 생존하기 어려워졌다. 이에 따라, 기업의 핵심 자산인 인재를 효과적으로 관리하고 변화하는 환경에 빠르게 대응하기 위해 '스킬 기반 인재 관리Skill-based HR'가 주목받고 있다.

스킬 기반 인재 관리의 핵심은 직무와 역할의 고정된 경계를 허물고, 스킬을 중심으로 인재를 평가하고 육성하는 데 있다. 이를 통해 기업은 변화하는 시장 환경에 신속하게 대응할 수 있으며, 구성원들도 새로운 역할과 과제에 보다 유연하게 적응할 수 있다.

대퇴사 시대와 조용한 사직이라는 현상의 중심에 있는 MZ세대는 조직을 선택할 때 '개인의 성장과 발전의 기회'를 최우선 기준으로 삼는다. 스킬 기반 조직은 개인별 맞춤형 성장 경로를 제시하고, 지속적인 학습을 통한 리스킬Reskill과 업스킬Upskill이 가능한 성장 중심의 조직문화를 만들 수 있다.

다만 스킬 기반 조직으로의 전환은 신중한 접근이 필요하다. 이는 단순히 조직 구조의 변경을 넘어 조직문화, 리더십, 일하는 방식, 구성원의 마음가짐까지 변화시키는 총체적인 혁신을 요구하기 때문이다.

이 책은 조직의 미래를 이끌 인재의 기준을 새롭게 확립하고, 이를 기반으로 채용 및 육성 전략을 혁신하고 싶은 HR 피플에게 스킬의 첫걸음을 떼는 친절한 입문서 역할을 해 줄 것이다. 또한 변화하는 시대에 발맞춰 끊임없이 학습하고 성장하는 조직 문화를 만들고자 하는 L&D^{Learning & Development} 피플에게 스킬 기반의 학습 문화 구축을 위한 실질적인 가이드를 제시해 줄 것이다.

무엇보다 '스킬을 작게 시작해 볼 수 있는 용기'와 함께 '단계적 실행을 도울 수 있는 가장 실용적인 방법'을 선물하는 책이 되길 희망한다.

SKILLS FIRST

Module
1

왜 스킬인가?

빠른 비즈니스 환경 변화

스킬의 개념

직업의 위계 구조를 보면 '직무^{Job} - 역할^{Role} - 역량과 능력^{Competency} and Capabilites - 스킬^{Skills}'로 구분할 수 있다. 예를 들어, 프로젝트 매니저라는 직무가 있다면 역할 중 하나인 프로젝트 리딩이 있고, 이를 다시 역량으로 나누면 프로젝트 관리 역량이 있다. 프로젝트 관리 역량을 다시 스킬 단위로 나누면 회의 운영, 위험 관리, 프로젝트 트랙킹 등으로 나눌 수 있다.

지금까지 HR은 직무와 역할 중심으로 인재 관리를 해 왔던 것이 사실이다. 그러나 최근 급격한 비즈니스 환경 변화로 인해 현재의 HR은 직무와 역할 중심의 인재 관리에 한계를 느끼고 있다. 기업들은 빠른 변화에 대응하기 위해 새로운 인재 관리 기준으로 기존의 역

그림 1 직무, 역할, 역량, 스킬의 관계

| 직무 | 역할 | 역량 | 스킬 스킬 스킬 스킬 |
| 프로젝트 매니저 | 프로젝트 리딩 | 프로젝트 관리 역량 | 회의 운영, 위험 관리
프로젝트 트랙킹 등 |

직무와 역할 중심에서 스킬 중심으로 변화

- 변화의 속도: 업무와 기술 변화 속도에 대응할 수 있는 새로운 모델 필요
- 산업의 특성: 변화의 속도가 빠른 산업(IT, 기술 산업, 서비스 산업)의 경우 보다 기민하게 대응할 수 있는 새로운 모델 필요

출처: https://joshbersin.com/2021/08/eight-learnings-about-jobs-skills-and-org-design-and-the-apple-genius-bar

량보다 작은 단위인 스킬 중심의 인재 관리에 주목하고 있다. 기존의 직무와 역할 중심의 인재 관리로는 지금의 변화 속도를 따라갈 수 없기 때문이다.

과거 비즈니스 환경은 상대적으로 안정적이고 변화의 속도가 완만했기에 직무와 역할 중심의 HR만으로 충분히 변화를 따라갈 수 있었다. 하지만 지금처럼 급변하는 환경에서는 보다 신속하게 변화에 대응할 수 있는 작은 단위인 스킬이 필요해진 것이다.

스킬이 부상한 이유

기업과 조직이 스킬에 주목하는 첫 번째 이유는 바로 빠른 비즈니스 환경 변화이다. 기존의 직무와 역할 중심의 조직 운영 방식은 어제와 오늘이 다르게 급변하는 비즈니스 환경에 대응하는 데 한계가 있다.

[그림 2]를 보면, 환경 변화가 크지 않았을 때는 조직이 해야 하는 과업Task 영역이 크게 변화하지 않았다. 따라서 기업과 조직은 해야 할 일을 분업화하여 직무와 역할로 나누어 분배하는 것이 조직 운영

그림 2 비즈니스 변화에 따른 과업 영역의 변화

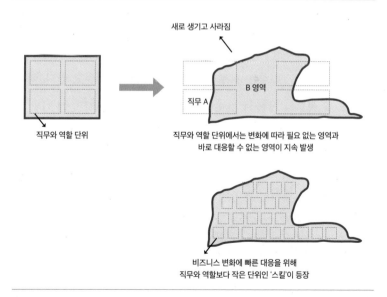

새로 생기고 사라짐

B 영역

직무 A

직무와 역할 단위

직무와 역할 단위에서는 변화에 따라 필요 없는 영역과
바로 대응할 수 없는 영역이 지속 발생

비즈니스 변화에 빠른 대응을 위해
직무와 역할보다 작은 단위인 '스킬'이 등장

의 기본적인 원리였다. 하지만 최근의 엄청난 변화 속도는 조직과 기업의 과업 영역을 빠르게 바꾸어 나가고 있다. 하루가 다르게 새로운 과업이 생겨나고, 과거에 중요했던 과업이 역사 속으로 사라지기도 한다. 조직과 기업의 과업이 우리가 경험하지 못했던 모양으로 시시각각 변화하면서 직무와 역할 중심으로는 빠른 대응이 어려워졌다.

예를 들어 A라는 직무를 가지고 있는 사람은 비즈니스 환경 변화에 따른 새로운 과업 환경에서는 절반 정도는 놀고 있거나 필요 없는 일을 하고 있을 수 있다. 그리고 환경 변화에 따라 새롭게 등장한 B 영역의 업무의 경우 구성원들이 서로 내 직무와 역할이 아니라면서 타인에게 미루고 있을 가능성이 크다. 이렇게 직무와 역할 단위가 너무 크기 때문에 보다 작은 단위인 스킬에 주목하게 된 것이다. 스킬 기반의 조직 운영은 과업 영역들을 보다 작은 단위로 채워 가며 빠르게 과업을 수행할 수 있다.

최근 비즈니스 변화는 직무 환경을 빠르게 변화시키고 있다. 과거에는 특정 직무나 역할에 필요한 기술과 지식이 비교적 오랜 기간 유효했지만, 최근에는 디지털 혁명과 글로벌화가 가속화되면서 기업들이 직원들에게 요구하는 스킬이 급격하게 변화하고 있다. 특히 IT와 서비스 산업에서는 변화의 속도가 더욱 빠르며, 이러한 변화에 대응하기 위해 기업들은 이제 더 이상 직무나 역할 중심의 인재 관리를 고수할 수 없게 되었다. 대신, 보다 기민하고 유연하게 인재를 활용할 수 있는 스킬 기반 인재 관리Skills Based Talent Management가 중요한 화두가 되었다.

스킬 기반 HR

스킬 기반 인재 관리는 기존의 직무 중심Job-based 인재 관리에서 벗어나, 특정 직무에 국한되지 않고 다양한 역할에서 요구되는 스킬에 초점을 맞춘 접근 방식이다. 이는 기업이 빠르게 변화하는 비즈니스 환경에 적응할 수 있도록 지원하며, 직원들이 다양한 역할에서 필요한 스킬을 습득하고 발전시킬 수 있도록 돕는다.

스킬 기반 인재 관리의 핵심은 직무와 역할의 고정된 경계를 허물고, 더 작은 단위인 스킬을 중심으로 인재를 평가하고 육성하는 것이다. 이를 통해 기업은 변화하는 시장 환경에 신속하게 대응할 수 있으며, 직원들 역시 새로운 역할과 과제에 보다 유연하게 적응할 수 있다.

급속히 확산되는 스킬

스킬의 개념은 미국을 중심으로 급속도로 확산되고 있다. 직무와 역할 중심의 HR에서는 학위 중심의 채용이 이루어졌다. 대학의 학과는 직무와 밀접한 연관이 있으며, 학위는 채용하는 데 중요한 요소였다. 그러나 2023년 〈채용의 미래 보고서Future of Recruiting Report〉에 의하면 미국 전역에서 학위를 요구하지 않는 채용공고는 20%에 달하고 있으며, 이는 2021년 15%에서 꾸준하게 증가하고 있다. 학위 대신 인사담당자는 스킬 기반의 채용을 하고 있으며, 이 비중은 2022년에 비해 40%가 증가했다.

스킬은 채용을 중심으로 육성, 평가, 보상에 이르기까지 HR 전 영역에서 활용되고 있으며, 그 비중은 매년 증가하고 있다. 스킬 기반 HR을 선도하고 있는 에잇폴드eightfold.ai의 발표자료인 〈스킬 기반 전략을 통한 미래 인력 생태계의 구축Architecting the future of workforce ecosystems with skills based strategies〉에 의하면 스킬 기반의 채용은 미국 기업의 28%가 활용 중이며, 62%가 시도하고 있다. 또한 스킬 기반의 내부 이동은 16%가 활용 중이며, 73%가 시도하고 있다. 그리고 스킬 기반의 보상은 23%가 활용하고 있으며, 61%가 시도하고 있다. 스킬 기반의 경력 개발 지원은 30%가 활용하고 있으며, 54%가 시도하고 있다. 스킬 기반의 교육은 24%가 활용하고 있으며, 66%가 시도하고 있다. 스킬 기반의 성과 관리는 14%가 실행하고 있으며, 77%가 실험 중에 있다. 스킬 기반의 인력 계획 수립은 15%가 실행하고 있으며, 73%가 시도하고 있다.

다양한 곳에서 스킬 기반 HR의 활용 정도를 조사하고 발표하는데, 그 수치는 다소 다를 수 있지만 한 가지 명확한 점은 매년 그 활용 정도가 빠르게 증가하고 있다는 것이다.

스킬 기반 조직은 성과 또한 창출하고 있다. 2022년 딜로이트^{Deloitte}가 발표한 〈스킬 기반 조직^{The Skills Based Organization}〉에 따르면 스킬 기반 조직은 인재를 효과적으로 배치할 가능성이 107% 더 높으며, 고성과자의 리텐션^{Retention} 가능성이 98% 더 높다. 또한 스킬 기반 조직은 성장과 발전을 지원하는 평판을 얻을 가능성이 98% 더 높으며, 구성원이 좋은 경험을 얻을 가능성이 79% 더 높다.

스킬은 급격하게 변화하는 비즈니스 환경에서 인적자원을 관리하는 새로운 방법으로 부상하고 있다. 스킬은 급속한 변화에 따라가기 위한 새로운 인력 관리 방법론으로 이러한 니즈에 부합하는 툴^{Tool}이자 모델로 확산되고 있다.

일하는 방식의 변화와 DEI

일하는 방식의 변화 ───────────

최근의 급격한 환경 변화와 디지털 기술의 발전은 그동안 우리에게 익숙했던 일하는 방식의 변화를 촉발하고 있다. 또한 MZ세대와 알파 세대의 등장과 일을 바라보는 사회적 관점의 변화는 업무와 관련된 개념들을 전반적으로 바꾸어 놓고 있다. 다시 말하면 '누가, 어떻게, 언제, 어디서, 왜 일하는지'에 대한 모든 측면이 바뀌고 있다.

Who: 누가 일하는가?

기업과 조직에서 일의 주체가 바뀌고 있다. 과거 기업의 일은 기업에 속한 구성원의 몫이었다. 기업은 '목표를 달성하기 위한 과제를 나열하고, 이를 기업 내 구성원에게 얼마나 잘 배치하는가?'라는 문제가 중요한 이슈 중 하나였다. 하지만 최근 AI(인공지능) 로봇에 의한 자동화나 외부 생태계(프리랜서 생태계 등)의 성장은 일의 주체에 대한 변화를 예고하고 있다.

미국 내 인력Workforce의 30%는 프리랜서, 플랫폼 노동자 등이 차지하고 있으며, 이 비중은 점차 확대될 전망이다. 내부 인력을 통한 일의 관리도 중요하지만, 점점 더 생태계에 의해 진행되는 일의 관리가 중요해지고 있다. 즉 업무를 내부 구성원들에게 배치하고 관리하는 것 외에 외부 생태계의 인력을 배치하고 관리하는 것 또한 중요하다는 의미이다.

글로벌 헬스케어 회사인 노바티스의 임원은 "우리의 인력은 우리의 목적과 비즈니스 전략을 수행하는 누구나가 해당된다"라고 말하며, 회사 내부의 인력뿐 아니라 외부의 인력에 대한 파트너십을 강조하고 있다. 노바티스 임원의 이 말은 과거 정규직 중심의 조직 운영에서 일을 중심으로 한 생태계로의 조직 운영 변화를 의미한다고 할 수 있다.

기술의 발달과 환경의 변화로 인해 새로운 인력 구성Workforce Mix 방식이 활용된다. 내부 인력뿐만 아니라, 생태계 인력 및 AI 로봇도 중요한 자원 중 하나로 등장하고 있다. 외부 생태계와 AI 로봇은 과거 채용과 육성 중심의 인력 구성 방식을 바꾸어 놓고 있다. 즉 과거 내부 인력의 영입, 육성 중심에서 외부 생태계의 활용과 AI 로봇의 활용이라는 범위까지 인력 구성이 확장되고 있다.

그림 3 새로운 인력 구성

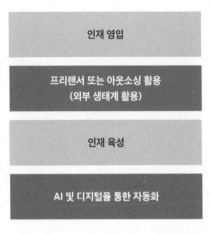

HOW: 어떻게 일하는가?

일하는 방식에서도 많은 변화가 일어나고 있다. 디지털 기술은 우리 업무에 깊숙이 들어와 있으며, 현재 근로자들의 92%는 디지털 기술을 활용해 일하고 있다. 과거 서류 작업과 대면 업무들이 디지털 기술을 활용해 이루어지고 있다. 그리고 회의, 결재, 보고, 커뮤니케이션 등은 디지털과 연결되면 얼마든지 진행할 수 있는 환경이 되었다.

또한 급격한 비즈니스 환경 변화에 대한 빠른 대응의 요구는 과거 기능 중심의 업무보다 프로젝트성 업무의 증가로 이어지고 있는데, 이런 프로젝트성 업무의 증가는 부서 간 장벽을 허물고 있다. 그동안의 조직은 마케팅, IT, 회계, 생산 부서 등 각각의 역할로 나누어 부서 간의 장벽이 있는 상태로 업무가 진행되어 왔다. 하지만 프로젝트 단위의 다기능 부서로 구성된 테스크포스팀 출범의 빈도가 증가하고 있으며, 다양한 부서로 이루어진 협의체 또한 증가하면서 부서 간 업무의 장벽을 허물고 있다.

Where: 어디서 일하는가?

코로나19로 재택근무가 일반화되었다. 세계적인 HR 컨퍼런스인 HR TECH 2023 컨퍼런스 세션 중 〈사람들의 잠재력을 최대한 발휘할 수 있는 기술 지원Empowering People to Reach Their Full Potential Through Technology〉 발표 자료에 의하면 미국 내에서 코로나19 이전에 재택근무 비율은 6%였는데, 코로나19 기간 중 35%로 급증했다. 코로나19가 해제되고 모두가 일상으로 복귀할 것이라고 예측했지만, 2023년 재택근무 비중은 여전히 27%에 달한다고 한다.

코로나19 이후 재택근무는 새로운 근무 형태로 자리 잡고 있으며, 재택근무와 사무실 근무가 결합한 하이브리드 워크도 일반화되고 있다. 사무실로 출근하지 않더라도 일을 처리할 수 있다는 경험을 코로나19 기간 동안 학습하게 되면서, 어디서 일하는가의 문제는 사무실 근무와 재택근무 각각의 장점을 살린 새로운 근무 형태로 진화하고 있다.

When: 언제 일하는가?

조직은 모두가 똑같은 장소에서 똑같은 시간에 함께 모여 일하는 것이 일반적이었다. 하지만 디지털 기술의 발달로 재택근무뿐만 아니라 비실시간으로 일하는 것이 가능해졌다. 즉 함께 모여 동일한 시간에 같이 일하는 것이 아니라, 언제 어디서든 일할 수 있는 방식으로 진화하고 있다. 협업 툴이나 메일로 업무 과제를 제시하고, 목표 일정을 수립한다. 이를 바탕으로 각자 원하는 장소와 시간에 업무를 진행한다. 회의나 실시간 협업이 필요한 경우에만 같은 시간대에 모여 만나는 방식을 취하는 것이다.

이는 업무 환경에 유연성과 자율성을 가져오고, 다양성을 향상시키고 있다. 물론 단점이 없는 것은 아니다. 같은 시간, 동일한 장소에서 함께 일하는 것에 비해 커뮤니케이션과 관리 감독의 어려움이 따르는 것은 사실이다. 하지만 명확히 정의된 결과물과 목표, 일정 관리가 가능하다면 비실시간으로 함께 일하는 것 또한 가능하며, 이런 방식이 점차 자연스러워지고 있다.

Why: 왜 일하는가?

일하는 이유에 대해서도 과거와는 많은 부분이 달라지고 있다. 인력 구성이 X세대에서 MZ세대로 바뀌고, 시대의 사회상이 바뀌면서 왜 일하는가에 대한 답변이 바뀌고 있다. 베이비부머와 X세대의 경우 일하는 이유에 대해 물으면 가장 우선순위가 보상이었다. 하지만 최근 조사들을 보면 이런 흐름이 크게 달라졌음을 알 수 있다. 한 조사에서 1만 3,000명의 채용 후보자에게 왜 이전 회사를 떠나려고 하는지에 대해 물었다. 그들 중 59%는 '성장과 발전의 기회가 없어서'라고 답했다. 23%는 '보상이 마음에 들지 않아서', 13%는 '일 자체가 마음에 들지 않아서'라고 답했다. 이전 세대에 중요했던 보상의 가치가 최근 들어 희석되어 가고 있으며, 성장과 발전이라는 가치는 그 중요성을 더해 가고 있다.

최근 조사에 따르면 사람들이 일을 통해 원하는 것은 보상 외에도 성장, 유연성, 선택권의 부여, 통제 가능한 삶, 자율성, 신뢰 등이다. 즉 일을 하는 이유가 보상에서 자율성 있고, 성장 가능한 일로 변해 가고 있는 것이다.

프로젝트 중심 업무의 증가

업무 환경이 변화하면서 스킬 기반 조직의 필요성이 커지고 있다.

최근 업무의 유형도 프로젝트 중심의 업무와 더불어 교차 기능Cross Functional 업무가 증가하면서 스킬의 필요성이 더욱 대두되고 있다. 딜로이트 리서치에서 63%의 임원들은 조직의 업무가 기존 직무 내용Job Description과 무관하게 수행되고 있다고 말한다.

스킬 기반 조직은 직무 중심의 조직보다 프로젝트 기반 업무를 수행할 때 보다 효율적이고 유연함을 보인다. 사람과 일을 직무와 역할 기반으로 연결했을 때는 직무의 경직성과 배타성으로 인해 프로젝트 기반 업무에 유연하게 대응하지 못한다. 하지만 스킬 기반으로 프로젝트 중심 업무를 배치할 때 유연함과 효율성을 증대시킬 수 있다. 스킬 기반 조직이란 직무 중심에서 업무Work 중심으로의 이동을 의미하는데, 개인의 스킬 데이터와 업무에 필요한 스킬 데이터를 기반으로 사람과 프로젝트 업무를 직접적으로 연결한다.

교차 기능 업무 또한 증가하고 있다. 딜로이트의 조사에 따르면 81%의 임원들은 조직의 기능적 경계를 넘어서는 업무가 증가하고 있다고 답변했고, 71%의 직장인은 자신의 직무 범위 밖의 업무를 실제 수행하고 있다고 말했다. 기능 중심의 조직에서는 기능적 업무에만 충실하면 되었지만, 최근 변화하는 환경에서는 프로젝트성 업무 등 다기능 팀이 참여하는 융·복합적인 업무, 회사 밖의 사람들과 함께 일하는 협업 업무가 증가하고 있다. 이런 교차 기능 업무의 증가는 직무 중심의 조직보다 유연한 모델이 필요하며, 이 모델에 적합한 것이 스킬 기반 조직이다.

유연한 인재 배치와 프로젝트 업무 증가에 대한 요구에 스킬 기반 조직은 직원의 스킬에 따라 유연하게 인재를 배치하는 것이 가능하다. 프로젝트 업무가 중심이 되면 빠르게 변화하는 환경에 신속하게 대응할 수 있다. 스킬 기반 HR을 통해 직원들의 스킬을 지속적으로 개발하고, 필요한 경우 신속하게 재배치할 수 있기 때문에 조직이 민첩하게 프로젝트에 대응할 수 있다는 장점이 있다.

DEI의 중요성 증대 ─────────────────────

DEI^{다양성(Diversity), 공정성(Equity), 포용성(Inclusion)}는 사회 전반에 흐르는 가치가 되어 가고 있다. 다양성을 존중하고, 이를 통합하여 어떻게 공정한 조직을 구축하는지가 기업문화의 핵심 이슈가 된 것이다.

DEI는 조직이 다양한 배경을 가진 사람들을 존중하고, 공정한 기회를 제공하며, 모든 구성원이 소속감을 느낄 수 있는 문화를 조성하는 것을 목표로 하는 개념이다. 다양성은 성별, 인종, 민족, 성적 지향, 연령, 장애 여부 등 다양한 배경을 가진 사람들을 조직에 포함하는 것을 말한다. 공정성은 모든 구성원이 공정한 기회를 얻을 수 있도록 제도적 장벽을 없애 개인의 필요에 맞춘 지원을 제공하는 것을 의미한다. 포용성은 조직 내 모든 구성원이 소속감을 느끼고, 자신의 목소리를 낼 수 있으며, 존중받을 수 있는 환경을 조성하는 것을 의미한다.

스킬 기반 조직은 DEI 문화를 구축하는 데 효과적인데, 직무에 필요한 스킬에 집중하여 다양한 배경을 가진 인재들에게 공정한 기회를 제공할 수 있다. 특정 배경이나 특성 때문에 기회를 제한하는 것이 아니라, 개인의 실제 능력과 잠재력을 기반으로 조직에서 능력을 발휘하고 공정하게 평가받는다. 또한 스킬 기반 조직은 다양성과 포용성을 강화한다. 스킬에 집중하기 때문에 편견이 배제되어 다양한 인력의 참여와 협업이 활발하게 이루어질 수 있으며, 이를 통합하고 포용하려는 문화가 형성될 수 있다.

2014년 오번대학Auburn University의 조사에 따르면, 지원서에 가명을 사용하면 흑인 지원자가 똑같은 가명을 사용한 백인 지원자보다 면접 요청을 14% 적게 받았다고 한다. 2011년 미국 도시연구소는 젊은 지원자가 나이 많은 지원자보다 취업 제의를 받을 가능성이 40% 더 높다고 발표했다. 이런 편견을 극복하기 위해 스킬 기반 채용은 이력서와 자기소개서 중심의 채용에서 발생하는 편견을 감소시킬 수 있다. 또한 한 연구 결과에 의하면 스킬 기반 채용은 고용 비용을 평균 70% 감소시키고, 채용 시간을 평균 50~70% 감소시킨다고 발표했다.

SKILLS FIRST

Module
2

스킬의 이해와 활용

스킬과 역량의 차이
(Skill Based VS Competency Based)

스킬과 역량의 차이

스킬 기반 조직에서는 사람들의 역할이나 직함보다 개인의 능력에 초점을 맞춘다. 이 맥락에서 스킬을 정의하면 '특정 작업을 효과적으로 수행할 수 있는 구체적인 능력이나 지식'을 의미한다. 이는 공식적인 직함이나 경력과는 별개로 인정된다.

그렇다면 스킬과 역량은 어떤 차이가 있을까? 역량만으로도 충분하지 않을까? 보다 명확하게 이해할 수 있도록 다음의 사례를 살펴보자.

역량은 직무와 역할보다 작은 단위이긴 하지만 최근의 변화 속도를 따라가지 못하는 것이 사실이다. 예를 들어, '마케팅 기획'이라는 역량을 스킬 단위로 나누면 '유튜브 마케팅 기획', '키워드 마케팅 기

그림 4 스킬과 역량의 차이

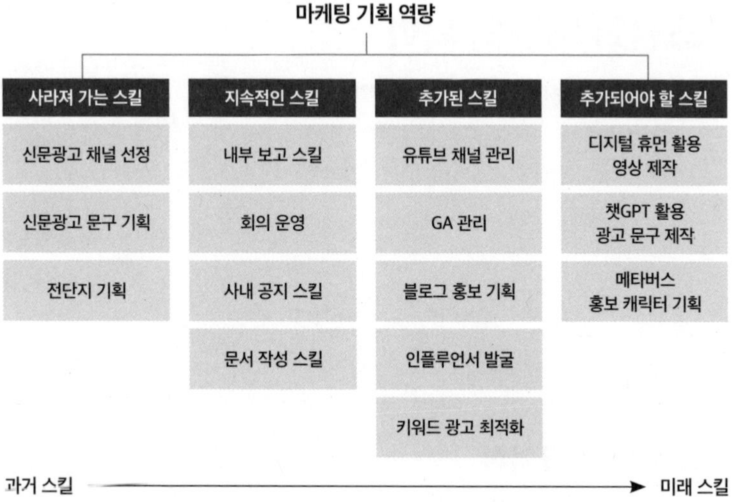

마케팅 기획 역량

사라져 가는 스킬	지속적인 스킬	추가된 스킬	추가되어야 할 스킬
신문광고 채널 선정	내부 보고 스킬	유튜브 채널 관리	디지털 휴먼 활용 영상 제작
신문광고 문구 기획	회의 운영	GA 관리	챗GPT 활용 광고 문구 제작
전단지 기획	사내 공지 스킬	블로그 홍보 기획	메타버스 홍보 캐릭터 기획
	문서 작성 스킬	인플루언서 발굴	
		키워드 광고 최적화	

과거 스킬 ──────────────────────▶ 미래 스킬

- 직무와 역할에는 변화가 없어도, 필요한 스킬은 지속적으로 변화함
- 역량은 스킬에 비해 빠른 대응이 어렵고, 그 범위가 광범위하다는 한계가 있음

획', '블로그 마케팅 기획', '틱톡 마케팅 기획 및 관리' 등으로 보다 세분화할 수 있다. 이러한 역량 내에서도 스킬은 지속적으로 변화하고 있다는 점에 주목해야 한다. 마케팅 기획 역량 내의 스킬은 과거 7~8년 전만 해도 '신문광고 기획', '전단지 문구 기획' 등이 중요했지만, 지금은 '유튜브 광고 기획', '키워드 마케팅 관리'가 중요하다. 그리고 최근 1~2년 사이에 '챗GPT를 활용한 광고문구 기획', '메타버스 홍보 캐릭터 개발' 등의 새로운 스킬들이 지속적으로 유입되고 있

다. 역량은 바뀌지 않지만 역량을 잘게 나눈 스킬의 경우 산업의 변화에 따라 지속적으로 바뀌고 있는 것이다. 역량은 스킬에 비해 변화 속도에 대한 빠른 대응이 어렵고, 범위가 광범위하다는 한계를 가지고 있다.

역량과 스킬의 차이를 보다 잘 이해하기 위해서는 역량의 등장 배경에 대해 살펴볼 필요가 있다. 1970년대 미국 국무성은 IQ와 학벌이 높은 사람을 중심으로 새로운 인력을 채용했다. 그런데 시간이 흐를수록 이 방식에 대해 회의감이 들었다. 실제 학벌과 IQ는 업무 성과와의 상관관계가 크지 않았기 때문이다. 이에 맥클리랜드David C. McClelland 하버드대학 교수에게 채용 방식 개선을 의뢰했고, 이때 생겨난 것이 바로 역량이라는 개념이다.

역량은 어떤 일을 감당할 수 있는 능력을 의미하며 지식, 태도, 행동, 스킬 등 다양한 구성요소가 포함된다. HR 담당자라면 한 번쯤 들어 봤을 역량 빙산 모형Iceberg Model of Competency으로 그 구조가 설명된다. 즉 지식과 스킬은 빙산의 위쪽에 위치한 것으로 관찰과 측정이 용이하며 후천적 개발이 가능한 영역이다. 보이지 않는 빙산 아래 있는 부분은 자아, 특성, 동기 등 선천적으로 타고난 영역으로 측정과 관찰 그리고 개발이 어려운 영역이다.

일반적으로 역량에 접근하는 방법은 고성과자들의 특성을 분석해 내는 것에서 출발한다. 고성과자가 가지고 있는 지식, 태도, 스킬, 역량, 자질 등을 뽑아내고 이것을 바탕으로 모델을 만들어 채용, 육성, 평가, 보상에 활용하는 방식으로 이루어진다. 큰 변화가 일어나지 않는 환경에서 이 방식은 상당히 논리적인 접근 방식이었다. 큰 변화가 없는 산업에서는 작년의 고성과자가 올해의 고성과자가 될 가능성이 컸기 때문이다. 하지만 지금과 같이 어제와 오늘이 다른 비즈니스 환경에서는 작년의 고성과자가 올해의 저성과자로, 올해의 저성과자가 내년의 고성과자가 될 수 있는 시대이다.

또한 역량 모델링의 접근 방법은 짧게는 수개월에서 길게는 1년이 넘게 걸리는 작업 기간이 필요하다. 지금의 산업 환경은 역량 모델링이 완성되는 순간 모델링 대상의 직무가 없어지거나, 아니면 업무 성격이 크게 바뀌는 경우가 흔하게 발생하고 있다. 그만큼 비즈니스의 변화 속도가 빨라졌기 때문에 보다 빠르게 대응할 수 있는 기준이 필요해졌고, 그 새로운 표준으로 스킬에 주목하고 있는 것이다.

스킬은 실행이나 성과 창출에 있어서 자신의 지식을 효과적으로 사용하는 능력을 의미한다. 예를 들어, 예산 책정, 시장조사 및 경쟁 전략 수립 스킬 등이 있다. 이와는 달리 역량은 직무를 성공적이고 효율적으로 수행할 수 있는 능력으로 지식, 행동, 태도, 스킬까지 포함된 개념이다. 예를 들어, 비즈니스 의사결정 역량을 들 수 있다.

스킬은 비즈니스 및 시장 중심이고, 역량은 직무를 그 기반에 둔다는 데 차이가 있다. 또한 역량은 직무와 역할을 대표하는 준거집단에

그림 5 스킬과 역량

스킬	역량
실행이나 성과 창출에 있어서 자신의 지식을 효과적으로 사용하는 능력 예) 예산 책정, 시장조사 및 경쟁 전략 수립 등 (실질적인 산출물과 직접적인 연관)	직무를 성공적 또는 효율적으로 수행할 수 있는 능력으로 지식, 행동, 태도, 스킬까지 포함 예) 비즈니스 의사결정

역량을 작은 단위로 나눈 것이 스킬이지만 의미는 다소 차이가 있다.

비즈니스 및 시장 중심 전문성 기반 비즈니스 아웃풋과 연계 구체적이고 실질적 확장성 및 보편성 (다양한 직무, 직급으로 활용) 급변하는 시장환경에 적합 2020~	직무와 역할 중심 행동 기반 지식, 태도, 스킬, 행동들의 결합 광범위함 상황에 국한됨 (일정한 직무, 직급에 활용) 변화하지 않는 환경에 적합 1970~

서 도출한다면, 스킬은 업무 과제에서 직접적으로 도출한다. 스킬은 직접적으로 비즈니스 아웃풋과 연계되지만, 역량은 지식, 태도, 스킬, 행동과 연결된다. 또한 스킬은 구체적이고 실질적인 반면, 역량은 상대적으로 광범위하다. 확장성 및 보편성 측면에서 스킬은 다양한 분야와 업종에 활용될 수 있지만, 역량은 직무를 기반으로 도출되었기 때문에 그 상황에 국한된다는 단점이 있다. 스킬은 지금과 같이 변화무쌍한 환경에서 그 의미가 주목되는 개념이고, 역량은 산업화 이후 크게 변화하지 않는 환경에서 생성된 개념이다.

역량 기반 모델 vs 스킬 기반 모델 ────────

그렇다면 역량 기반 모델은 앞으로 사라져야 하는 것일까? 그렇지 않다. 역량 모델은 그 자체로 매우 훌륭한 모델이다. 하지만 변화의 속도가 빠른 직무, 직군, 산업에서는 그 활용도에 한계가 있다. 이런 한계점을 대체하기 위해 스킬 기반 모델이 대두되고 있는 것이다.

역량 모델은 앞으로 사라지기보다는 변화하고 발전할 가능성이 크다. 여러 산업과 조직에서 역량 모델은 여전히 중요한 도구로 사용되고 있다. 하지만 스킬 기반 조직과 같은 새로운 접근 방식이 등장하면서 그 역할이 변화하고 있는 것 또한 사실이다.

기존 역량 모델은 상대적으로 고정적이고, 장기적인 관점에서 개발된 경우가 많아 이러한 변화를 따라잡기 어렵다. 따라서 유연하고 실시간으로 업데이트되는 스킬 기반 모델이 더 많은 주목을 받고 있다. 역량 모델은 종종 행동적 특성과 지식에 중점을 두지만, 스킬 중심 조직은 구체적인 기술과 수행 능력에 더 큰 비중을 둔다. 특히 기업들은 빠르게 변화하는 시장 요구에 대응하기 위해 실제 업무 수행 능력에 초점을 맞추고 있다. 이런 측면이 기업들이 스킬 기반 모델에 더욱 주목하는 이유이다.

역량 모델이 완전히 사라질 가능성은 작지만, 변화와 통합해 나갈 것임은 분명해 보인다. 즉 스킬 기반 접근 방식과 역량 모델이 함께 사용되거나, 역량 모델이 보다 유연하고 실용적인 형태로 진화할 것이다. 이 과정에서 조직은 스킬과 역량을 통합적으로 관리하면서도, 변화하는 환경에 적응할 수 있는 방법을 모색할 것이다.

스킬 기반 조직

스킬 기반 조직이란?

스킬 기반 조직이란 조직이 직원의 스킬과 능력을 중심으로 인재를 관리하고 운영하는 방식을 의미한다. 직무와 역할 기반 조직에서 스킬 기반 조직으로의 이동은 조직을 더 민첩하고 유연하게 만들며, 빠른 변화에 대응할 수 있게 한다. 또한 구성원들에게는 스킬 기반 경력 발전의 기회를 제공함으로 성장과 발전을 촉진시키는 장점이 있다.

스킬 기반 조직은 인사와 조직관리 업무에 있어 채용, 육성, 평가, 보상이라는 전 영역에서 스킬을 활용한다. 스킬이 인사 전반에 활용되는 예를 [그림 6]을 통해 살펴보자. 기업에서 세일즈 매니저의 스킬 맵Map을 도출한다. 스킬 맵에는 세일즈 매니저의 직무를 수행하기 위

그림 6 스킬이 인사 전반에 활용되는 사례

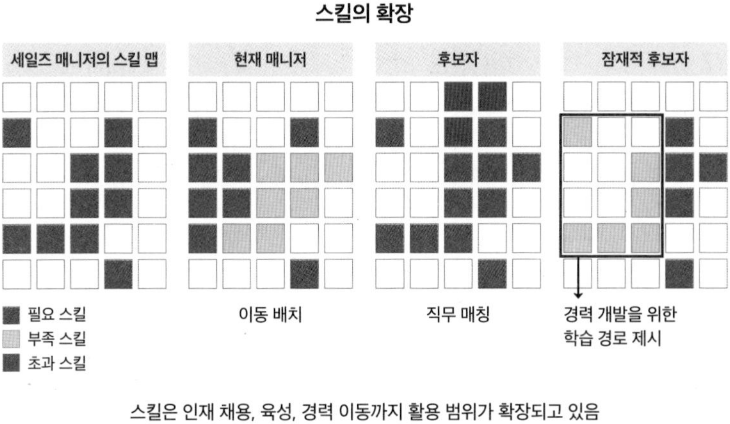

스킬의 확장

세일즈 매니저의 스킬 맵	현재 매니저	후보자	잠재적 후보자

■ 필요 스킬
▨ 부족 스킬
■ 초과 스킬

이동 배치   직무 매칭   경력 개발을 위한
                                    학습 경로 제시

스킬은 인재 채용, 육성, 경력 이동까지 활용 범위가 확장되고 있음

한 다양한 스킬이 포함되어 있다. 스킬 맵을 도출한 이후 현재 매니저의 스킬과 비교해 본다. 현재 매니저의 경우 세일즈 매니저가 갖추어야 할 스킬 맵과는 차이가 있는데, 세일즈 매니저에게 필요한 스킬과는 전혀 다른 스킬을 보유하고 있었다. 이런 경우 스킬의 측면에서 현재 담당 매니저는 그가 보유하고 있는 스킬을 필요로 하는 곳으로 이동 배치하는 것이 좋다.

이동 배치 후에 공석이 된 세일즈 매니저를 채용하기 위해 면접을 실시한다. 후보자 중 한 명이 [그림 6]에서 보듯이 세일즈 매니저에게 필요한 모든 스킬을 보유하고 있고, 추가로 다른 스킬도 보유하고 있다. 스킬 관점에서는 이 후보자를 채용해야 할 것이다.

물론 많은 기업이 스킬만을 보고 채용하지는 않을 것이다. 인성, 리더십, 태도, 잠재력 등 다양한 면을 종합적으로 평가한다. 그럼에도 불구하고 스킬 맵의 활용 여부는 채용의 효과 및 성공 확률을 더욱 높여 주는 가이드가 될 수 있다. 또한 인재 육성 측면에서 스킬 맵은 구성원들의 경력 개발을 위한 훌륭한 가이드가 된다. 세일즈 매니저를 목표로 하는 사람에게 자신의 스킬 수준을 진단해 보고, 세일즈 매니저의 스킬 맵과 비교함으로써 어떤 스킬을 보완하고 학습해야 하는지 가이드해 준다. 이는 경력 개발의 경로를 제시함과 동시에 지속적 성장을 위한 동기부여 요소로 작용한다.

사례처럼 스킬은 HR의 특정 영역에서 활용되는 것이 아니라 채용에서 경력 개발까지 HR의 모든 영역에서 활용된다. 그리고 스킬은 "구슬이 서 말이라도 꿰어야 보배"라는 말처럼 HR의 각 구슬을 연결해 주는 실의 역할을 한다. 즉 채용과 교육을 연결해 주고, 교육과 경력 개발, 채용과 이동 배치 등 HR의 각 영역들을 엮어 주는 연결고리 역할을 한다.

스킬은 인사 영역 전반으로 확장되고 있다. 글로벌 HR 컨설팅 회사 머서^{Mercer}에서 발표한 2023/2024 〈스킬 스냅샷 서베이 리포트 Skills Snapshot Survey Report〉(50개국 1,400명 이상의 HR 리더 대상의 설문)에 의하면 45%가 조직 내에 스킬 라이브러리를 가지고 있다고 답했고, 64%가 수요와 활용성에 대해 검토하고 있다고 말했다. 또한 14%는 스킬의 변화를 지속적으로 추적할 수 있는 프로세스를 이미 구축했다고 답했다.

스킬의 활용은 HR의 어느 한 영역이 아닌 [채용 – 육성 – 평가 – 보상]에 이르는 전 영역에 활용되고 있다. HR 리더들은 스킬의 활용을 HR 영역 중에서 경력 개발(72%), 인력 채용(69%), 성과 관리(64%), 학습(59%), 보상(49%), 승계 관리(48%), 인력 계획(42%) 순으로 많이 활용될 것이라고 말한다.

글로벌 기업의 스킬 활용 사례

스킬 기반의 HR은 글로벌 기업의 주도로 빠르게 확산되고 있다. 주요 기업의 사례를 살펴보면 다음과 같다.

에어비앤비는 스킬 기반 프로젝트 및 부서 간 협업을 장려한다. 또한 학습 플랫폼 에어비앤비 아카데미Airbnb Academy를 운영하며 온·오프라인에서 다양한 형태의 교육을 통해 스킬 향상을 지원하고, 구성원 스킬을 통합 관리하고 있다. 이를 통해 지속적으로 학습하고 스킬을 개발하는 문화를 조성해 나가고 있다.

딜로이트는 딜로이트 커리어 커넥션Deloitte Career Connections을 운영하여 구성원이 다양한 경력을 탐색하고 조직 내 스킬 개발 기회를 식별할 수 있도록 돕고 있다. 이는 스킬 기반 직무 이동과 지속적 학습을 촉진하기 위함이다.

GE는 GE 스킬스^{GE Skills}를 운영하고 있는데, 구성원들은 비즈니스 성장에 필요한 핵심 스킬을 도출하여 임직원 경력 개발과 연결하고 있다. 이를 통해 학습 문화를 조성하고 개인별 스킬 개발을 촉진하고 있다.

슈나이더 전자는 OTM^{Open Talent Management}이라는 AI 기반 경력 개발 플랫폼을 이용한다. 개인 프로필(스킬, 경력, 비전 등)을 설정하면 AI 기반 개인 맞춤형 경력 개발을 지원하는 플랫폼이다.

마이크로소프트는 스킬 기반의 탤런트 매니지먼트 프레임워크 ^{Talent Management Framework}를 운영하고 있다. 이는 스킬 기반 인재 관리 접근 방식으로, 직원의 스킬을 기반으로 채용과 평가에 중점을 두고 있다. 스킬 기반의 인재 관리 접근 방식을 통해 직원 간 기술의 격차를 줄이고 맞춤형 스킬 개발과 성장을 지원하고 있다.

IBM은 교육과 인증을 제공하는 스킬빌드^{SkillsBuild} 프로그램을 운영 중인데, 구성원이 조직 내·외부에서 전문 지식을 활용할 수 있는 '디지털 배지 시스템'을 운영한다는 것이 특징이다. 스킬 개발을 지원함과 동시에 디지털 배지 지원을 통해 학습자들의 학습 참여 동기를 북돋우고 학습 수료율을 높이는 효과를 보고 있다.

스킬 기반 조직이 적합한 환경

그렇다면 모든 조직이 스킬 중심의 조직으로 변화해야 할까? 제조, 유통, 서비스, IT 등 다양한 산업이 존재하고 생산, 영업, 마케팅, 인사, 전략 등 다양한 기능 조직이 존재한다. 또한 산업과 그 기능 조직마다 변화의 속도가 다르다.

스킬 기반 조직을 구축하고자 할 때 반드시 업무와 조직의 특성을 고려하는 것이 좋다. 스킬 기반 조직이 어울리는 업무와 조직이 있는가 하면 그렇지 않은 업무와 조직이 있기 때문이다.

[그림 7]에서 보듯이 스킬 기반 조직이 적합할 때는 크게 3가지로

그림 7 스킬 기반 조직

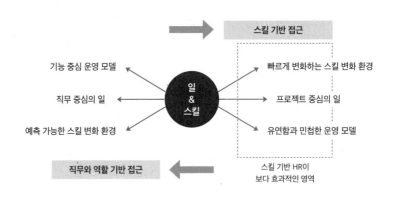

출처: https://www.conference-board.org/publications/skills-based-to-talent-development

볼 수 있다.

첫째, 스킬이 빠르게 변화하는 환경이라면 스킬 기반 조직이 적합하다. 업무를 구성하는 스킬이 변화하지 않는 조직은 역량만으로도 충분할 수 있다. 하지만 스킬이 역동적으로 변화하는 환경에서는 스킬 기반 HR 또는 조직으로의 변화가 필요하다.

둘째, 직무 중심 업무보다 프로젝트 중심 업무가 많을 때 스킬 기반 HR이 보다 효과적이다. 프로젝트 중심의 업무를 진행함에 있어서 유연성과 민첩성을 강조하기 위해서는 직무 중심보다는 스킬 기반의 HR이 효과적이다.

셋째, 조직의 운영이 기능 중심으로 운영되는 모델보다 애자일하게 적용되는 모델에서 스킬 기반의 HR이 보다 효과적이다. 스킬 기반 조직은 유연하고 민첩하게 운영될 수 있으므로 정적인 조직보다 애자일한 조직에서의 운영이 효과적이다.

스킬의 한계와 AI 기술의 활용

스킬의 한계

스킬은 직무와 역할 기반 HR을 대체하는 새로운 글로벌 스탠더드로 자리 잡으며 그 영향력을 확산하고 있다. 하지만 다음 3가지 한계점도 있다는 것을 알아둘 필요가 있다.

첫째, 소프트 스킬의 적용이 난해하다

스킬의 종류에는 하드 스킬과 소프트 스킬이 있다. 하드 스킬은 특정 훈련을 통해 개발할 수 있는 스킬로, 상대적으로 수치화가 가능하고 객관적으로 판단할 수 있는 것이 특징이다. OA 활용 스킬, 머신러닝 활용 스킬, 텐서플로 활용 스킬 등이 하드 스킬에 해당한다. 이와는 달리 소프트 스킬은 정성적인 특성과 함께 대인관계와 관련된 부

그림 8 하드 스킬 vs 소프트 스킬

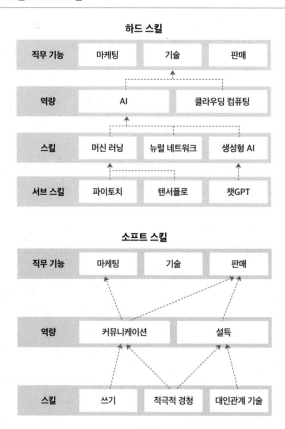

분이 많다. 커뮤니케이션 스킬, 설득 스킬 등 겉으로는 잘 보이지 않고 판단에 주관성이 많이 들어간다. 예를 들어, 챗GPT 활용과 같은 하드 스킬은 스킬의 정도를 수치화하고 객관적으로 판단할 수 있지만, 커뮤니케이션과 같은 소프트 스킬의 경우 조직마다 정의가 다르고 사람마다 바라보는 관점이 다르다. 때문에 소프트 스킬을 어떻게 정의하고 관리할 것인지가 스킬 기반 HR에 있어 난제다. 하드 스킬의 중요성이 높은 IT 업종에 스킬 기반 HR이 우선적으로 적용되는 것도, 스킬 기반 HR에 소프트 스킬을 적용하는 데 어려움이 있다는 방증이다.

둘째, 스킬 텍소노미Skills Taxonomy의 다양성 문제이다

스킬 텍소노미는 스킬 간의 위계 구조를 보여 주는 것으로 '직무 기능-역량-스킬-서브 스킬'의 구조로 이루어진다. 각 기능과 역량 스킬 간의 연결 구조와 위계를 정리한 것이 바로 스킬 텍소노미다. 스킬 기반의 HR에서 스킬 텍소노미와 관련된 과제는 스킬 텍소노미의 활용이 너무 다양하다는 것이다. 각 기업, 업종, 직종마다 스킬 텍소노미가 다르게 적용되고 있으며, 특히 목적(채용, 교육, 평가, 이동 배치, 보상)에 따라 스킬 텍소노미가 각기 다르게 적용되는 경우가 많다. 이렇게 다양한 분야의 스킬 텍소노미를 어떻게 통합하고 활용하느냐가 스킬 기반 HR이 풀어야 할 숙제로 남아 있다.

셋째, 평가Rating의 객관성 확보가 어렵다

스킬을 어떠한 기준으로 누가 어떻게 평가하는가에 대한 문제이다. 이 부분은 역량 기반 HR에서도 한계로 지적되었는데, '어떻게 역량과 스킬 수준의 평가를 객관화할 것인가?'에 대한 이슈이다. 스킬의 진단과 평가는 상대적으로 더 크고 모호한 역량에 비해서는 객관화가 쉽지만, 여전히 진단과 평가의 객관성과 공정성에 대한 이슈는 스킬 기반 HR이 해결해야 할 과제로 남아 있다. 머서^{MERCER}의 2023/2024 조사에 따르면 69%의 HR 리더들은 기업 내 스킬 평가에 있어서 관리자의 지원을 받는 자기 평가에 의존하고 있다고 답하고 있다. 이 수치는 1년 전과 비교해서 동일한 수치다. 어떻게 평가를 객관화하고 공정하게 진행하는지에 대해서는 스킬 기반 HR이 지속적으로 해결해 나가야 할 문제이다.

스킬 기반 HR은 소프트 스킬 측면, 공용화되지 않은 스킬 텍소노미의 문제, 그리고 평가의 이슈라는 한계를 가지고 있다. 그럼에도 불구하고 스킬 기반 HR은 글로벌 스탠더드로 확실히 자리 잡아 가고 있다. 그 이유는 지금과 같이 급변하는 시기에 더 이상 직무와 역할 기반 HR로는 변화를 따라갈 수 없기 때문이다.

AI가 이끄는 스킬 기반 HR

소프트 스킬, 스킬 텍소노미의 다양성, 평가라는 스킬이 가지고 있는 한계를 극복하기 위해 AI 기술이 활용되고 있다. 또한 스킬의 개수는 기본적으로 수작업으로 관리하기에는 방대한 양이므로 이를 위해 AI가 적극적으로 활용되고 있다.

대표적인 사례는 HR 테크 기업인 에잇폴드eightfold.ai의 모델을 통해 알아볼 수 있다. 에잇폴드는 스킬 데이터를 매우 광범위하게 수집하고 있다. 전 세계 1조 2,000억 개 이상의 이력서 데이터를 모으고 각종 채용 공고 사이트나 링크드인에 있는 직무기술서 데이터를 수집한다. 그런 다음 개인별 학력 정보를 모으고 교육기관들의 교육과정 데이터를 수집한다.

이를 통해 데이터 분석과 모델링으로 어떤 상황Context에서 스킬이 필요한지 관계성을 분석한다. 또한 스킬과 사람들의 경력, 그리고 스킬과 학력 및 교육 이수 정보에 대한 연관성을 분석한다. 이를 정교하게 모델링하여 에잇폴드에서 도출된 140만 개 이상의 스킬이 어떤 직무와 연결되는지, 그리고 어떤 경력과 연결되는지 모델링한다.

모델링한 데이터를 기반으로 채용, 육성, 이동 배치 등에 다양하게 활용한다. 예를 들어, 조직 차원에서는 현재 공석인 재고관리자에 대해 내부 인력 추천을 받아 볼 수 있으며, 또한 채용하려는 입사 지원자들에 대한 적합도 데이터를 제공받을 수 있다. 개인적으로는 경력 개발상 자신이 어느 곳을 목표로 해야 하는지에 대해서도 추천받을 수 있으며, 이에 필요한 스킬과 교육 프로그램의 정보를 추천받을 수도 있다.

AI는 스킬을 활용하고 고도화하는 데 다양하게 활용된다.

그림 9 에잇폴드의 스킬 기반 모형

데이터의 수집	데이터의 모델링

1조 2,000억 개 이상
이력서 데이터

채용 공고의
직무기술서

학력 데이터 및
교육 과정 데이터

데이터 분석

데이터 모델링

데이터의 활용

[조직의 활용]

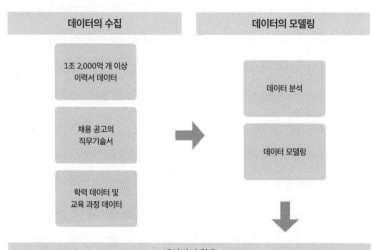

[개인의 활용]

스킬 개발 경로의 추천

출처: https://eightfold.ai/career-exchange/

첫째, 스킬 매핑 및 분석에 활용된다

AI는 조직 내 모든 직원의 스킬을 자동으로 수집하고 분석할 수 있도록 지원한다. 이 과정에서 직원들의 이력서, 프로젝트 경험, 교육이수 기록 등을 분석하여 스킬 프로파일을 생성하고, 각 스킬 수준을 평가한다. 이렇게 수집된 데이터를 바탕으로 조직 내 스킬 분포를 파악하고, 스킬 갭^{Gap}를 식별할 수 있도록 돕는다.

둘째, 스킬 기반 업무 배치를 지원한다

AI는 직원들의 스킬 프로파일을 바탕으로, 특정 직무에 가장 적합한 인재를 자동으로 매칭할 수 있다. 또한 직무 요구사항과 직원들의 스킬 세트를 비교하여 최적의 인재 배치를 지원하며, 이를 통해 조직의 효율성을 높이고, 프로젝트 성공률을 향상시키는 데 기여한다.

셋째, 맞춤형 학습을 지원한다

AI는 직원들이 보유한 스킬과 조직이 필요로 하는 스킬을 분석하여 맞춤형 학습 경로를 제안할 수 있다. 이를 통해 구성원들은 자신에게 필요한 스킬을 효과적으로 학습할 수 있으며, 조직은 필요에 따라 직원들의 역량을 강화할 수 있다. 또한, AI는 학습의 진행 상황을 실시간으로 모니터링하고, 추가 학습이 필요한 영역을 추천하는 역할을 한다.

넷째, 인재 분석을 통한 의사결정을 지원한다

AI는 실시간 데이터 분석을 통해 조직의 인재 풀을 지속적으로 업데이트하고, 주요 인사와 관련된 의사결정을 지원할 수 있다. 예를 들어, 특정 프로젝트가 시작될 때 AI는 프로젝트에 필요한 스킬을 가진 인재를 찾아 추천하고, 인재 배치 및 자원 할당 결정을 실시간으로 도울 수 있다.

다섯째, 예측 분석을 지원한다

AI는 예측 분석을 통해 미래의 스킬 요구사항을 예측하고, 이에 따라 조직이 미리 대비할 수 있도록 도와준다. 예를 들어, 미래에 필요한 스킬을 발굴해 내고, 스킬 갭을 어떻게 해결할지에 대한 대응 방안을 제시해 줄 수 있다.

SKILLS FIRST

Module
3

스킬 기반의 HR

Topic 1

스킬 기반의 채용

인재 부족 현상의 심화

최근 몇 년 동안 세계적인 인재 부족 현상이 경제에 영향을 미쳤다. 대퇴사 시대로 인한 높은 이직률, 베이비붐 세대의 은퇴, MZ세대의 조직에 소속되는 것에 대한 기피 현상, 디지털 중심으로의 산업 변화, 숙련된 인력의 부족, 변화에 따라가지 못하는 교육 시스템 등은 고스란히 인재 부족 현상으로 이어지고 있다.

미국 노동통계국 자료에는 2023년 여름에 공개된 채용 공고 수가 실업자 수보다 많았다. 880만 건의 채용은 실업자 580만 건에 비해 높았다. 실업자를 채용이 필요한 기업에 모두 취업시킨다고 해도 부족한 인력은 300만 명에 달했다.

글로벌 조직 컨설팅 회사 콘페리Korn Ferry의 보고서에 의하면 2030년까지 글로벌 인재 부족과 인력 부족이 8,500만 명 이상으로 증가하여 조직에 수조 달러의 비용과 손실을 초래할 수 있다고 예측했다. 인재 부족 현상은 지속적으로 증가하고 있으며, 기업과 조직에 큰 손실 부담을 가져오고 있다.

2023년 인사통합 시스템 전문회사 페이코Paycor의 HR 조사 및 예측에 따르면, 조사에 참여한 전문가의 62%는 현재 인재 부족이 장기적이거나 영구적일 것이라고 전망했다.

과거 일자리에 비해 구직자가 많았던 시대를 지나, 복합적인 원인이 동시다발적으로 발생함에 따라 이제는 구직자보다 일자리가 많은 상황을 보이고 있다. 심각한 인력 부족 현상으로 인해 우수 인재의 채용, 유지, 그리고 업무 몰입도 향상이 기업의 핵심 경쟁력으로 부각하고 있다.

주 4일제에 대한 도입 검토, 구성원 복지와 웰빙 제도의 증가, 재택근무를 비롯한 유연한 근무제도의 도입 등 최근 기업들이 발표하는 다양한 복지·인사 정책은 바로 인력 시장의 인력 부족 현황을 반영하고 있다고 할 수 있다.

스킬 기반 채용

스킬 기반 채용Skills-Based Hiring은 전통적인 학위나 경력에 기반한 채용 방식에서 벗어나, 지원자의 구체적인 스킬과 역량을 중심으로 인재를 선발하는 접근 방식이다. 이러한 채용 방식은 기업들이 현재 지원자들이 가지고 있는 능력에 집중해 채용을 진행하겠다는 의미이다. 그리고 지금과 같은 빠른 변화의 시기에는 과거의 학위나 경력 중심이 아닌 현재의 능력을 보다 중시하는 채용 방식이 더 효과적이다. 역할 기반 채용과 다르게 스킬 기반 채용은 직무와 역할 외에 보다 구체적인 스킬과 능력을 검증하겠다는 의미이다.

채용 시장도 학위 중심의 채용에서 스킬 기반 채용으로 이동하고 있다. 세계적인 컨설팅 회사인 보스톤컨설팅그룹BCG의 2022년 발표

그림 10 역할 기반 vs 스킬 기반 접근

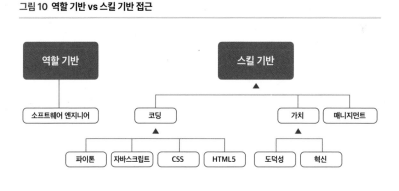

출처: https://www.aihr.com/blog/skills-taxonomy/

에 의하면(2,000만 건 이상의 구인 광고를 조사) 미국에서 학위 요건이 없는 채용 공고는 2017년 82.5%에서 2022년 79.3%로 3.4% 감소했음을 보여 준다. 학위 대신에 스킬 요건으로 점차 확대해 가고 있는 것이 채용 시상의 흐름이라고 할 수 있다.

스킬 기반 채용의 주요 특징은 다음과 같다.

첫째, 스킬 중심의 평가이다

지원자가 보유한 스킬을 중심으로 평가가 이루어진다. 이를 위해 평가 테스트, 실습 과제, 포트폴리오 등이 활용되며, 지원자가 실제로 해당 업무를 수행할 수 있는 능력을 갖추었는지를 중점적으로 평가한다. 그리고 학위나 이전 직무 경험에 상관없이 업무 수행에 필요한 능력을 중심으로 인재를 선발하는 방식이다.

둘째, 다양성이 확대된다

이 방식은 전통적인 채용 기준(학위, 성별, 나이 등)에서 배제될 수 있는 다양한 배경의 인재들에게 기회를 제공하게 된다. 학력이나 경력이 부족하더라도 필요한 스킬을 가진 사람이라면 누구든 채용될 가능성이 커져 포용성과 다양성을 증진시킬 수 있다.

셋째, 채용의 범위를 확대해 준다

지원자에게 기본 지원 요건이라는 장애물을 제거해 채용의 기회를 넓혀 주며, 기업의 입장에서는 인력 부족 현상을 타개할 좋은 방법으로 활용된다.

넷째, 채용 프로세스의 효율성을 높여 준다

명확한 스킬 요구사항을 정의하여 채용 프로세스를 보다 구체화할 수 있다. 또한 자동화된 도구와 AI 기술을 활용하여 지원자의 스킬을 신속하게 평가하여 채용 시간과 프로세스를 단축시켜 주는 것이 특징이다. 스킬 기반 채용은 전반적인 채용 프로세스에서 편견과 주관성을 줄이고 객관적인 결정을 내리는 데 기여한다.

구글Google은 과거 학위나 전통적인 학력 요건에 크게 의존했으나, 최근 몇 년 동안 이를 벗어나 지원자의 실제 스킬과 문제해결 능력에 더 중점을 두고 있다. 특히 기술직군에서는 학위보다 코딩 능력 같은 실질적인 기술을 중요하게 평가하고 있다. 구글은 이를 위해 여러 실무 테스트와 과제를 활용해 지원자의 스킬과 실질적인 역량을 평가하는 과정을 거쳐 채용을 진행하고 있다.

IBM은 'New Collar Jobs'라는 개념을 도입하여, 전통적인 4년제 학위를 요구하는 대신, 특정 기술을 보유한 지원자들을 채용하는 전략을 채택했다. 예를 들어, 클라우드 컴퓨팅, 데이터 분석, 사이버 보안 등의 분야에서 필요한 기술을 갖춘 사람들을 적극적으로 찾고 있으며, 이를 통해 다양한 배경의 인재를 확보하고 있다.

유니레버Unilever는 전 세계적으로 AI 기반 스킬 평가 도구를 도입하여 지원자의 인지 능력, 정서적 지능, 소프트 스킬 등을 평가하는 새로운 채용 프로세스를 적용하고 있다. 이 과정에서 전통적인 이력서나 경력보다 지원자의 실제 스킬과 능력을 바탕으로 채용함으로써 채용 과정에서 편견을 줄이고, 더 다양한 인재를 유치하였다.

스킬 기반 채용 시 고려 사항과 프로세스

스킬 기반 채용 시 꼭 고려해야 할 사항이 있다. 다음 3가지 요소는 스킬 기반의 채용을 도입할 때 꼭 점검해 보아야 할 것들이다.

1. 스킬 평가의 표준화

다양한 스킬을 객관적으로 평가할 수 있는 기준과 도구를 개발하는 것이 중요하다. 평가 도구의 정확성은 스킬 기반 채용 전반의 효과성에 큰 영향을 미치므로, 어떤 도구를 어떻게 쓸 것인지에 대한 명확한 방안이 필요하다.

2. 미래 스킬 예측

빠르게 변화하는 산업 환경에서 미래에 필요한 스킬을 예측하고 이에 맞춰 채용 전략을 수립해야 한다. 채용은 지금 현재 필요한 인력의 확보를 의미하지만, 미래 지향적인 채용 또한 매우 중요하다. 조직에 필요한 스킬이 빠르게 바뀌는 환경에서 변화하는 스킬을 채용 과정에 어떻게 스며들게 할 것인지에 대해 반드시 짚고 넘어가야 한다.

3. 내부 조직문화 조성

조직 내에서 학력이나 경력보다 스킬을 중시하는 문화를 조성하고 관리자와 직원들의 인식 변화를 유도해야 한다. 처음 도입하는 조직에 있어서 이 과정은 쉽지 않은 과정이다. 조직 내 대부분의 사람이 학력과 경력에 익숙한 문화를 가지고 있기 때문이다. 하지만 아무리 좋은 평가 도구와 제도를 가지고 있다고 하더라도 문화가 받쳐 주지 않으면 스킬 기반 채용은 정착되지 못할 것이다. 따라서 내부 조직문화를 관리하며 스킬 기반 채용을 도입하는 것이 중요하다.

직무와 역할 중심 채용에서 스킬 중심 채용으로 변화할 때 많은 장애물이 있을 것이다. 이를 극복하기 위해서는 이 3가지, 즉 평가의 표준화, 미래 스킬의 예측과 반영, 그리고 내부 조직문화 조성이라는 요소를 반드시 확인하고 넘어가야 한다.

그렇다면 스킬 기반 채용을 실행할 때 어떤 절차를 거치면 될까?

스킬 기반 채용을 실행할 때는 크게 4단계를 거치게 된다.

- **1단계:** 직무별 필요한 스킬을 정의하는 것이 먼저다. 각 직무에 필요한 스킬과 스킬의 레벨을 명확하게 규정하는 것이 필요하다.

- **2단계:** 스킬의 평가 방법과 채용 프로세스를 구축하는 것이다. 지원자의 스킬을 효과적으로 평가할 수 있는 테스트, 과제, 인터뷰 질문 등을 설계하고 채용 프로세스를 구축하는 과정이다.

- **3단계:** 준비된 것을 실행하는 것이다. 스킬 기반의 채용 프로세스를 구직자를 대상으로 진행하는 과정이다.

- **4단계:** 피드백 및 개선의 절차를 거친다. 채용 결과를 지속적으로 모니터링하고 피드백을 수집하여 프로세스를 개선하는 과정이라고 할 수 있다.

Topic 2

스킬 기반 경력 개발

경력 개발의 중요성 증대 ─────────

링크드인LinkedIn의 〈직장 학습 보고서Workplace Learning Report 2024〉에서 경력 개발은 교육의 포커스 분야에서 성과와의 연계, 업스킬링, 학습 문화 구축에 이어 4위에 올랐다. 이는 2023년 9위에서 5단계나 순위가 상승한 결과로, 경력 개발에 대한 관심이 더욱 강해지고 있음을 보여준다. 챗GPT 등 생성형 AI의 등장은 사람들에게 자신의 일이 AI로 대체되는 것을 두려워하게 만들었고, 그 어느 때보다 경력 개발에 대한 관심이 커지는 데 영향을 미쳤다. 사람들은 스킬을 개발할 때 회사의 필요가 아닌, 자신의 경력 개발이 첫 번째 동기부여 요인이 된다.

경력 개발은 개인의 성장을 창출하는 원동력으로, 경력 개발 목표가 있는 사람은 그렇지 않은 사람에 비해 4배 더 학습에 몰입한다. 기업 입장에서도 구성원들의 리텐션Retention이 이슈가 되고 있는데, 90% 이상의 기업이 구성원들의 리텐션을 어떻게 증진시키는지에 관심을 기울이고 있다. 그리고 이런 기업들의 첫 번째 전략이 바로 경력 개발을 위한 학습 기회를 만드는 것이다. 이처럼 경력 개발은 조직 및 개인에게 매우 중요한 이슈로 등장하고 있다.

경력 개발의 강력한 툴, 스킬

스킬은 경력 개발에 강력한 툴Tool로 활용된다. 스킬은 학습과 경력을 연결하는 연결고리 역할을 한다.

기업에서 구성원들이 학습하는 첫 번째 이유는 바로 자신의 경력을 관리하기 위함이다. 자신의 경력과 성장에 도움이 된다고 하면 학습 동기나 참여 의지가 매우 높아진다. 그러나 조직에서의 많은 교육이 필수과정이나 일방향 교육으로 진행되다 보니 학습자들은 교육을 왜 받아야 하는지 납득하지 못하는 경우가 생긴다. 이런 부분을 해결해 줄 수 있는 것이 바로 스킬이다.

[그림 11]을 보면 스킬 맵을 통해 세일즈 매니저가 되고 싶은 잠재적 후보자에게 어떤 스킬을 개발해야 하는지 보여 줄 수 있다. 이는 잠재적 후보자에게 경력 목표를 달성하기 위한 학습 경로를 제시함

그림 11 스킬 맵

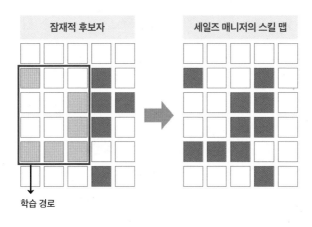

으로써 잠재적 후보자는 보다 명확하게 학습과 경험을 경력 목표에 맞춰 계획해 나갈 수 있다.

부즈 알랜 해밀턴에서는 학습자들에게 원스톱으로 통합적인 학습과 경력 관리를 제공하고자 스킬 중심 교육 체계를 구축했다. 학습자들의 보유 스킬과 관심 스킬 정보를 모으고 이를 기반으로 스킬 기반 콘텐츠를 추천하게 만들었다. 또한 경력 목표에 따른 경력 가이드와 경력 목표를 달성하기 위한 스킬들을 제시하고, 해당 스킬이 있는 사내 외 전문가와 연결될 수 있도록 사이트를 구성했다. 담당자는 학습자들에게 실시간으로 학습과 경력 정보를 통합적인 서비스로 제공하는 것에 의미가 있다고 말한다.

그림 12 스킬 기반의 학습 및 경력 통합 관리

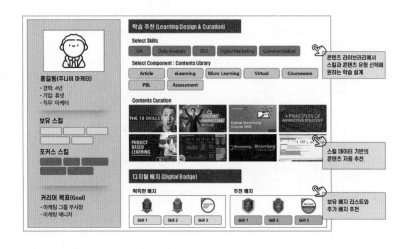

세계적인 교육 사이트인 코너스톤, 링크드인 러닝 등은 학습과 경력을 통합 관리하는 서비스를 제공하고 있다.

스킬 기반 학습과 경력의 통합 관리 모습은 [그림 12]와 같다. 우선 홍길동이라는 주니어 마케터가 있다고 하면 그의 보유 스킬과 포커스 스킬(관심 스킬)에 대한 정보를 모은다. 그리고 경력 목표를 설정하게 한다. 사례에서 홍길동은 마케팅 그룹의 부사장과 마케팅 매니저를 경력 목표로 설정했다.

이렇게 설정된 보유 스킬과 관심 스킬을 바탕으로 스킬 데이터에 맞는 학습 콘텐츠들이 추천된다. 추천되는 콘텐츠는 이러닝이나 마이크로러닝뿐만 아니라 세미나, 워크시트, 아티클, 카드뉴스 등 다양

그림 13 보유 스킬과 관심 스킬을 바탕으로 학습 콘텐츠 추천

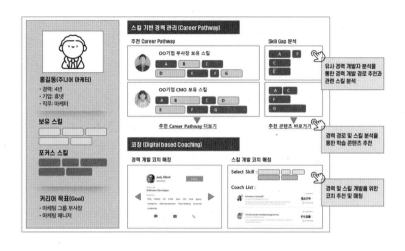

한 유형의 학습 경험들이 추천된다. 또한 스킬을 포함한 디지털 배지도 함께 관리되어, 지금까지 어떤 학습과 스킬 취득에 따른 배지를 습득하였는지에 대해서도 통합적으로 관리할 수 있다.

학습과 경력의 연계 분야에서는 앞서 설정한 경력 목표를 바탕으로 마케팅 매니저와 마케팅 그룹 부사장의 현재 보유 스킬과 홍길동과의 스킬 갭을 분석한다. 갭 분석을 통해 경력 목표를 달성하기 위한 경력 경로를 분석하고, 이를 통해 학습해야 하는 스킬을 분석해서 추천해 준다. 또한 학습해야 하는 스킬을 보유하고 있는 멘토와 코치를 추천하고 연결하여 다양한 경험과 학습에 대해 자문받을 수 있도록 지원하고 있다.

SAP는 구성원들이 조직 내에서 지속적으로 경력을 개발하고 새로운 역할에 도전할 수 있도록 SAP 커리어 석세스 센터Career Success Center라는 플랫폼을 도입했다. 구성원들은 이 플랫폼에서 자신의 스킬을 진단하고 경력 개발에 필요한 스킬을 추천받을 수 있다. 이를 통해 온라인 학습, 실습 프로젝트, 멘토링 기회가 제공되어 여러 가지 스킬을 습득할 수 있다. 그리고 경력 경로 계획을 돕는 도구를 통해 회사 내에서의 성장 기회를 탐색할 수 있다.

AT&T는 급변하는 통신 산업의 다양한 스킬의 요구에 대응하기 위해 워크포스 2020Workforce 2020 프로그램을 론칭했다. 이 프로그램은 직원들이 AI, 클라우드 컴퓨팅, 사이버 보안과 같은 미래 스킬을 학습하고, 이를 통해 경력 개발을 촉진하는 데 중점을 두었다. 구성원들은 현재 보유한 스킬과 향후 목표하는 직무 간의 스킬 갭을 분석하여, 개별 맞춤형 학습 경로를 제공받는다. 이를 통해 구성원들은 필요 스킬을 학습하고, 실제로 배운 스킬을 적용할 기회를 얻을 수 있다.

Topic 3

스킬 기반의 교육

중요해지는 교육의 역할

기업에서 교육의 중요성은 과거 그 어느 때보다 강조되고 있다. 스킬의 변화에 따라 점점 더 배울 것이 많아지고 있고, 기업에서는 업스킬링Upskilling과 리스킬링Reskilling이 필수 요소로 자리 잡았기 때문이다. 기업에서 교육의 중요성이 강조되는 이유는 다음 3가지로 정리할 수 있다.

첫째, 스킬 갭 현상의 심화

가트너가 2023년 전 세계 500명 이상의 리더를 대상으로 조사한 연구 결과에 의하면 조직 내 핵심적인 스킬과 역량을 구축하는 것이 우선순위라고 응답한 비율이 59%에 이른다. 경영 환경의 변화에 따라 요구되는 스킬과 구성원의 보유 스킬의 격차가 벌어지는 스킬 갭 현상이 기업에서 매우 중요한 이슈로 떠오르고 있음을 의미한다. 이런 스킬 갭 현상을 해결하기 위해 기업들은 다양한 업스킬링 및 리스킬링 프로그램을 운영하고 있다.

HR 글로벌 컨설팅 회사 머서MERCER의 2020년 조사에 의하면 HR 리더들이 생각하는 스킬 갭 해결에 효과적인 방법 1위로 직원 맞춤형 교육을 들고 있다. 2위는 스킬 취득에 따른 인정과 보상, 3위는 이동 배치, 4위가 외부 인력 채용이다. 이는 코로나19 이전과 기조를 달리하고 있는데, 코로나19 이전에는 스킬 갭을 해결하기 위한 첫 번째 방법이 바로 외부 인력의 채용이었다. 그러나 채용만으로 해결하기에는 지금의 스킬 변화가 매우 빠르기 때문에 구성원들이 새로운 스킬을 학습할 수 있도록 지원하는 내부 육성 시스템의 중요성이 더욱 강조되고 있다. 즉 새로운 스킬을 가진 인력을 채용한다고 하더라도 몇 년 사이에 그 인력의 스킬은 노후화될 수 있으며, 채용된 인력 뿐 아니라 기존의 인력에게도 지속적으로 새로운 스킬을 학습시켜야 하기 때문이다.

둘째, 인재의 리텐션과 참여Engagement 유도

대퇴사 시대와 조용한 사직은 최근 기업 환경의 중요한 변화를 보여 주는 현상이다. 미국의 2022년 8월 기준 월 퇴사율은 2.7%에 이르며, 이는 지난 30년간 평균이었던 1.3%를 2배 이상 넘는 수치다.

우리나라도 크게 다르지 않다. 신입사원들의 평균 리텐션 기간이 각종 조사에서 1~2년 사이에 그친다. 또한 틱톡을 통해 이슈화된 조용한 퇴사Quiet Quitting란 단어는 구성원들이 조직 내에 속해 있더라도 회사와 계약된 시간이나 일 외에는 더 이상 하지 않겠다는 의미로 사용되고 있다. 이는 조직 차원에서 구성원들의 몰입 이슈로 직결된다. 구성원들의 몰입 이슈가 중요한 이유는 몰입이 성과와 생산성에 직결되기 때문이다. 리더들은 재택근무 환경에서 구성원들을 몰입시키기 어렵다고 호소하고 있고, 새로운 MZ세대를 몰입시키기는 역부족이라고 얘기하고 있다.

직원 리텐션과 참여의 이슈는 MZ세대의 등장과 코로나19 이후 새로운 시대를 맞아 큰 위기를 맞고 있다. 베이비부머 세대는 주요 퇴사 사유를 급여와 보상이라고 말하는 반면, MZ세대는 성장과 발전의 기회라고 말하고 있다. MZ세대 중심의 조직으로 변화하고 있는 인력 구성 환경에 발맞추기 위해서는 성장과 발전의 기회가 중요한 과제이다. 따라서 HRD는 MZ세대를 중심으로 성장과 발전의 기회를 제공하고 이들의 성공을 돕는 역할을 해야 한다.

또한 구성원들의 몰입을 위한 다양한 조직문화 활동과 팀빌딩, 그리고 조직 이슈 해결을 위한 리더십 교육에 힘써야 한다. 교육의 가성비가 디지털로 인해 좋아진 점도 교육이 직원 리텐션과 참여에 기여할 수 있는 환경으로 만들어 주고 있다. 과거 오프라인 중심의 학습 환경은 조직에 비용 부담을 안겨 주었다. 1인당 교육비로 따지면

오프라인 교육의 경우 프로그램 1개당 30만~100만 원가량의 비용이 투입된다. 프로그램 비용 외에 출장비, 숙박비, 교통비 등을 고려하면 들어가는 비용은 훨씬 많아진다. 그러나 디지털 교육의 경우 비용이 오프라인에 비해 3분의 1에서 10분의 1 수준까지 줄어들 수 있다. 또한 시·공간적 제약이 없는 경우가 많기 때문에 기회비용까지 절감할 수 있다. 온라인 학습은 오프라인 교육에 비해 효과가 떨어지고, 잘하는 사람만 잘한다는 비판도 있다. 하지만 이런 효과 감소의 요소가 학습 관리 기술의 발달(AI를 통한 관리, 디지털 학습 시스템의 발전 등)과 학습자들의 인식 변화(디지털 학습에서의 자기주도 학습 능력 필요성에 대한 인식 등)로 인해 점점 발전하고 있는 것도 사실이다.

셋째, 디지털 기술을 활용한 일과 학습의 결합

과거 연수를 하는 이유에 대해 물어보면, 교육은 백년지대계이기 때문에 콩나물에 물 주듯이 지속적으로 투자해야 한다는 말을 하곤 했다. 하지만 기업의 목적은 교육 자체가 아니다. 성과가 최종 목표이며, 교육은 툴에 불과하다.

디지털과 AI의 발달로 EPSS$^{Electronic\ Performance\ Support\ System}$와 같은 성과 지원 시스템이 등장하고, 이를 도입하는 기업이 늘고 있다. 과거의 교육은 연수원에서 함께하고, 성과로 이어지는 것은 각자가 현업에서 알아서 했다면, 현재의 교육은 디지털 기술의 발달로 학습한 내용을 성과로 이어지도록 지원하고 있다. 디지털 또는 오프라인에서 학습한 내용을 퀴즈 형식이나 짧은 영상으로 업무 현장에서 복습하게 하고, 현업에서 적용할 수 있는 미션을 던져 주기도 한다. 또한 업무 현장에서 막혔을 때 학습이나 성과 지원 자료를 실시간으로 학습하고 적용하도록 지원해 준다.

오랜 기간 교육은 업무 현장과 동떨어져 있다는 비판을 받아 왔다. 하지만 최근 기술의 발전을 통해 일과 학습을 연결할 수 있는 다양한 방법이 등장하고 있으며, 이를 통해 교육 부서가 비용 부서에서 성과 부서로 나아갈 수 있는 길이 열리고 있다.

이런 교육의 중요성을 반영하듯 전 세계의 많은 기업이 임직원들의 스킬 향상을 위해 수백만 달러, 어떤 경우에는 수십억 달러를 투자하여 직원들이 변화하는 업무에 대비할 수 있도록 필요한 교육을 제공하고 있다. 예를 들어, JP모건은 직원의 스킬을 향상시키기 위해 계획했던 2억 5,000만 달러에서 3억 5,000만 달러를 추가했다. 아마존은 직원들에게 기술 향상 교육을 제공하기 위해 7억 달러 이상을 투자하고 있다. PwC는 향후 3~4년 동안 27만 5,000명 직원의 기술을 향상시키는 데 30억 달러를 지출할 계획이다.

스킬 기반 맞춤형 교육

교육도 다른 HR 영역과 마찬가지로 직무와 역할 또는 역량을 중심으로 교육 프로그램을 운영해 왔다. 즉 직무에 맞는 '마케팅 역량 향상 과정', '영업사원 기본 과정' 또는 역할이나 직급에 맞는 '승·진급자 기본 과정', '대리 역량 향상 과정' 등 직무와 역할을 중심으로 교육 과정을 설계해 왔다.

그리고 이와 같은 설계를 바탕으로 'One Size Fits All' 형태의 교육을 제공해 왔다. 1:1 맞춤형 학습이 효과적임을 알면서도 효율성 측면에서 집합 교육 또는 필수 이러닝 교육의 형식으로 일방향적 과정을 똑같은 학습 목표, 내용, 방법으로 설계하고 실행했다.

스킬 기반 교육은 교육 설계 시 스킬 중심으로 성과 창출에 필요한 구체적이고 실질적인 학습 목표와 내용으로 설계한다. 또한 이렇게 설계한 교육 프로그램을 최대한 학습자 맞춤형으로 제공한다.

직무와 역할 중심 교육과 달리, 스킬 기반 교육은 교육의 기본 단위를 스킬로 하는 데 큰 차이가 있다. 직무와 역할의 큰 단위를 잘게 쪼개서 교육 단위를 보다 작게 만든다. 그리고 이 단위를 최대한 맞춤형 교육으로 설계하고 실행함을 의미한다. 영업사원 기본 역량 향상이라는 큰 단위의 교육을 모든 사람에게 동일하게 적용하는 방식에서 스킬 단위로 나누고, 이 스킬 단위를 각 스킬이 필요한 사람에게 맞춤형으로 서비스하는 방식을 지향한다(그림 14 참고).

그동안의 직무 또는 역할 단위의 동일한 교육을 적용하는 방식을 음악 시장에 비유해 보자. 음악 시장에서 음반을 파는 방식이라면, 스킬 단위의 교육은 음원을 판매하는 방식이라고 할 수 있다. 카세

그림 14 스킬 기반 교육

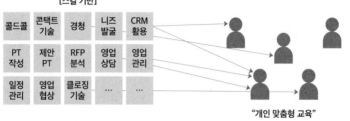

[직무/역할 기반]

영업사원 기본 역량 향상 과정

"One Size Fits All"

[스킬 기반]

콜드콜	콘택트 기술	경청	니즈 발굴	CRM 활용
PT 작성	제안 PT	RFP 분석	영업 상담	영업 관리
일정 관리	영업 협상	클로징 기술	...	...

"개인 맞춤형 교육"

트테이프, LP 등의 음반을 통해 음악을 소비하는 시절에서는 음반에 들어 있는 한두 곡의 좋은 음원을 위해 10~12곡이 들어 있는 음반을 구매해야 하는 불합리성이 있었다. 하지만 디지털이 발전하고 음반에서 음원 시장으로 넘어오면서 사람들은 자신이 원하는 음원만 구매하거나 구독형 서비스를 구매하는 방식으로 시장이 바뀌었다.

음반 시장에서 본격적으로 음원 시장으로 넘어올 때 음악 관계자들은 음반 가격보다 개별 음원 가격이 훨씬 저렴해서 시장 크기가 줄어들 것이라고 걱정했다. 하지만 음원으로 넘어오면서 음악 시장은 더 커졌다. 교육도 마찬가지일 것이다. 2일 또는 3일 동안의 긴 교육 과정을 모든 사람에게 동일하게 제공하는 것이 아닌, 스킬 단위로 개인에게 필요한 교육만 서비스한다면 지금 당장은 교육 시간이나 규모가 줄어들 수 있다. 그러나 학습자들의 교육 만족도는 더욱 높아져 장기적으로 전체 교육 규모가 더 커질 것이다. 결국 학습자가 원하는 것을 적시에 적절한 크기로 제공하는 것이 그들의 니즈를 충족해 주는 것이기 때문이다. 지금 교육의 불합리성을 스킬 기반 교육이 보다 합리적으로 바꾸어 줄 것이다.

스킬 단위의 교육은 다양한 학습 경험의 제공이 가능하다는 장점이 있다. 직무나 역할 단위의 교육에서는 오프라인 교육 또는 이러닝 방식을 2~3일 또는 한 달 프로그램으로 제공하는 것이 정형화되어 있었다. 하지만 스킬 단위의 학습은 다양한 학습 경험을 제공할 수 있다. 예를 들어, 경청 스킬은 이러닝으로, 영업 협상은 아티클 또는 성공 사례집으로, 영업 상담은 버추얼러닝으로, 그리고 제안 PT는 오프라인 교육으로 제공할 수 있다. 즉 각 스킬을 학습시키는 최적화된 방식으로 콘텐츠를 공급하는 것이 보다 용이해진다.

딜로이트Deloitte는 컨설팅 및 회계 분야에서 직원들이 빠르게 변화하는 비즈니스 환경에 적응하고, 최신 스킬과 비즈니스 트렌드를 습득할 수 있도록 DLearn이라는 맞춤형 학습 프로그램을 도입했다. DLearn은 구성원의 경력 목표 및 현재 직무에 기반한 맞춤형 학습 경로를 제공한다. 또한 본인의 학습 스타일에 맞는 콘텐츠 유형을 추천해 준다. 데이터 분석, AI, 사이버 보안, 디지털 마케팅 등의 최신 기술과 비즈니스 전략을 중심으로 한 학습 콘텐츠도 제공된다. 직원들은 온라인 플랫폼을 통해 자신에게 맞는 과정을 선택하고, 실시간 피드백과 학습 데이터 분석 리포트를 제공받는다.

글로벌 식품 회사 네슬레Nestlé는 디지털 트랜스포메이션을 강력하게 추진하고 있으며, 이를 위해 구성원들의 능력 향상이 절대적으로 필요하다고 생각했다. 이런 이유로 직원들이 디지털 기술을 활용해 업무를 개선하고, 더 나은 고객 경험을 제공할 수 있도록 디지털 아카데미Digital Academy라는 맞춤형 학습 플랫폼을 시작했다. 디지털 아카데미는 직원들의 디지털 역량을 강화하기 위해 개인별로 필요한 스킬과 학습 경로를 제시한다. 이를 통해 네슬레는 직원들이 클라우드 컴퓨팅, 데이터 분석, 디지털 마케팅, AI 등 특정 분야에서 맞춤형 학습을 받을 수 있도록 지원한다. 학습 경로는 직원의 직무와 개인 목표에 맞춰 조정되며, 온라인 코스와 실습 프로젝트를 통해 학습한 스킬을 실제로 적용할 수 있는 기회를 제공한다.

마이크로소프트Microsoft는 AI와 디지털 기술이 비즈니스에 미치는 영향을 강조하며 기업의 리더들이 AI 관련 기술을 이해하고, 비즈니스 전략에 적용할 수 있도록 AI 비즈니스 스쿨AI Business School이라는 맞춤형 학습 프로그램을 제공하고 있다. AI 비즈니스 스쿨은 각 리더가 속한 산업, 직무, 목표에 맞춘 학습 콘텐츠를 제공한다. 또한 리더들이 AI 전략을 수립하는 데 필요한 도구와 통찰을 학습할 수 있도록 돕는다. 특히 실습 중심의 학습과 전문가 피드백을 통해 비즈니스 문제해결 능력을 키우도록 설계된 것이 특징이다.

스킬 기반 교육을 선도하는 기업들은 스킬 기반으로 구성원 개개인의 진단을 진행하며, 이를 통해 각 구성원에게 맞춤형 학습 경로를 제시하고 있다. 또한 학습 방식은 멀티 모달, 즉 다양한 학습 방식(온라인, 오프라인, 마이크로러닝, 버추얼러닝, 아티클, 시뮬레이션, Job Aid 등)을 제공한다. 또한 여기에 그치지 않고 습득한 스킬을 실제 업무에 적용하도록 실습 중심 또는 현업 연계 등의 프로그램으로 확장하고 있다. 그리고 이런 교육 이수 결과와 성취 내용을 바탕으로 본인의 경력과 학습을 연결하고 있다.

스킬 기반의 러닝 저니(학습 여정) 설계

스킬 기반 러닝 저니Learning Journey 설계에 대해 예시를 통해 살펴보고자 한다. 그전에 먼저 러닝 저니라는 개념부터 알아보자.

러닝 저니는 이벤트성 교육이 현장과 동떨어져 있는 부분을 보완하기 위해 학습을 이벤트가 아닌 긴 기간의 학습 여정으로 구성하는 것을 의미한다. 러닝 저니는 기간이 길고, 일과 학습을 결합한다는 특성상 다양한 학습 경험으로 구성된다. 다양한 학습 경험이란 유튜브, 블로그, 토론 활동, 자료 검색, 문제해결형 학습 등 오프라인과 이러닝을 벗어난 다양한 비정형 학습을 포함하는 것을 의미한다. 일반적으로 러닝 저니의 기간은 3개월에서 2년으로 정형 학습에 비해 그

그림 15 학습은 이벤트가 아니다

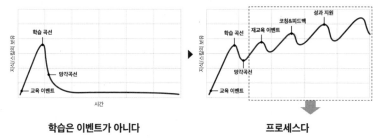

학습은 이벤트가 아니다

• 이러닝 등 정형 학습이 실패하는 것은 학습을 이벤트로 보기 때문
• 학습 망각곡선을 극복하고 지속적인 역량/지식의 향상을 일으키기 위해서는 팔로우업이 중요

프로세스다

• 학습과 일을 연결시켜야 하며 이를 통해 지속적인 성과를 창출해 내야 함

출처: ATD21 "Why most E-learning fails: Design E-learning that gets results" – Tim Slade

기간이 긴 것이 특징이다.

그렇다면 스킬 기반으로 러닝 저니 설계에 어떻게 접근할 수 있을까? 크게 3단계 과정으로 필요 스킬의 도출, 적절한 방식의 매칭, 프로그램 구성 및 로드맵 작성의 단계를 거치는 것이 일반적이다.

1단계: 필요 스킬의 도출

먼저 필요 스킬을 선정해야 한다. 학습자가 필요한 스킬 리스트를 만들거나 직무 또는 역할 단위를 스킬 단위로 나누는 것에서 출발한다. 이렇게 스킬 단위로 학습 단위를 구성했다면 이를 바탕으로 학습 목표에 맞는 필요 스킬을 도출한다. [그림 16]에서는 마케팅 기획이

그림 16 스킬 기반 러닝 저니 설계: 필요 스킬의 도출

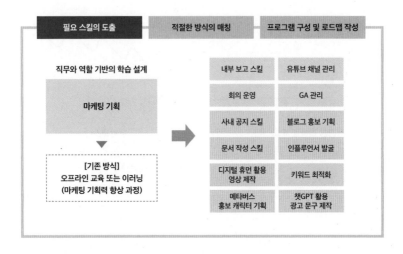

라는 역량을 다양한 스킬로 나누고 있으며, 이 중에서 학습 대상자에게 필요한 우선순위 스킬을 내부 보고 스킬, 유튜브 채널 관리, 회의 운영, GA^Google Analytics 관리, 키워드 최적화로 5가지 스킬을 뽑아 낸 사례이다.

2단계: 각 스킬에 맞는 학습 경험 방식 매치

필요 스킬이 도출되었다면 각 스킬에 맞는 학습 경험 방식을 매치한다. 각각의 스킬 특성에 맞는 최적의 교육 방식이 있다. 이는 학습 대상에 따라, 조직 특성에 따라 다를 수 있다는 것도 참고해야 한다. 즉 필요 스킬을 바탕으로 이 스킬을 조직 내 학습자에게 제공하기 위

그림 17 스킬 기반 러닝 저니 설계: 적절한 방식의 매칭

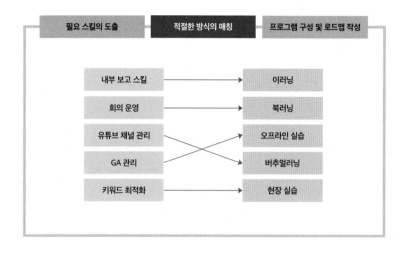

해 어떤 방법이 최선의 방식인지를 선정하는 단계이다. [그림 17]에서 내부 보고 스킬은 이러닝의 방식을, 회의 운영의 경우 책을 읽는 북러닝 방식을 채택했다. 그리고 유튜브 채널 관리는 버추얼러닝 방식, GA 관리는 오프라인 실습 교육, 마지막으로 키워드 최적화는 현장 실습 방법을 고려했다.

3단계: 프로그램 구성 및 로드맵 정리

앞서 필요 스킬을 도출하고 각 필요 스킬에 맞는 학습 경험 방식을 매칭해 보았다. 이렇게 진행된 것을 프로그램으로 구성하고 로드맵을 작성해 정리한다. [그림 18]을 보면 앞선 프로그램을 4주 차 러닝

그림 18 스킬 기반 러닝 저니 설계: 프로그램 구성 및 로드맵 작성

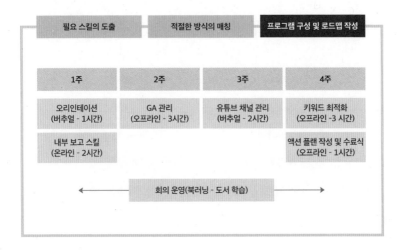

저니로 구성했으며 각각의 스킬을 주차 별로 매칭된 학습 경험과 함께 로드맵으로 정리했다.

스킬 기반 교육을 시작할 때 거창한 방식이 중요한 것은 아니다. 스킬 단위 맞춤형으로 현업과 연결되도록 설계하는 것이 핵심이다. 또한 스킬 기반의 러닝 저니 방식도 교육의 효과와 효율성을 높이는 좋은 접근 방식이다.

스킬 기반 인재 개발은 앞으로도 HR 및 인재 개발 전략의 핵심이 될 것이다. 기술 발전 속도가 빨라지고, 직무에 대한 요구사항이 지속적으로 변화함에 따라 기존의 역량 체계에서 벗어나 스킬 중심 접

근 방식을 도입해야 할 필요성이 더욱 커지고 있다. 기업들은 스킬 기반 인재 개발을 통해 미래 지향적인 인재를 육성하고, 이를 통해 비즈니스 민첩성을 높여 경쟁 우위를 유지할 수 있을 것이다.

Topic 4

스킬 기반
인력 계획 및 경력 이동

스킬 기반 인력 계획

스킬 기반 인력 계획은 조직 내 직원들의 개별 스킬을 중심으로 인력을 관리하고 배치하는 접근 방식이다. 이는 전통적인 직무 중심의 인력 계획에서 벗어나 직원들이 보유한 실제 스킬 세트를 파악하고, 이에 따라 업무를 할당하거나 교육 및 개발 기회를 제공하는 것을 의미한다.

스킬 기반 인력 계획은 효율적인 인력 활용이 가능하다는 장점이 있다. 직원들의 다양한 스킬을 정확히 이해하여 적재적소에 배치함으로써 업무 효율성을 높일 수 있다. 또한 필요한 스킬을 식별하고 이에 맞는 교육 프로그램을 제공하여 직원들의 전문성을 향상시킬 수 있으며, 이를 통해 구성원들의 실질적 업무 능력을 배양시킬 수

스킬 퍼스트

그림 19 **직무 중심 인력 계획 vs 스킬 중심 인력 계획**

직무 중심 인력 계획

	현재 직무	필요 직무	충원 인력
마케팅	12	14	2
생산	23	23	-
영업	9	11	2
운영 서비스	31	35	4
IT	15	17	2
지원 스태프	8	9	1

스킬 중심 인력 계획

현재 스킬	필요 스킬	스킬 갭	대응 방안
			채용, 육성
			AI 자동화 프로그램
			채용, 외부 프리랜서
			채용, 챗봇 도입
			육성
			채용

있다.

또 조직의 유연성이 강화된다는 것도 큰 장점이다. 빠르게 변화하는 비즈니스 환경에 대응하기 위해 필요한 스킬을 보유한 인력을 신속히 투입할 수 있다. 또한 스킬 기반 인력 계획은 조직 내 스킬 격차를 줄이고 혁신을 촉진하여 시장에서의 경쟁력을 강화한다.

앞의 [그림 19]에서 보듯이 직무 중심 인력 계획Workforce Planning은 직무와 인력 중심으로 설계되어 유연성과 확장성에 한계가 있다. 하지만 이를 스킬 기반으로 접근하면 보다 조직 역량에 대한 구체적인 분석이 가능해진다. 또한 이를 바탕으로 스킬 갭에 대한 대응 방안을 보다 유연하고 확장성 있게 마련할 수 있다. 직무 중심 인력 계획에서는 충원 인력의 수 정도만 확인할 수 있다면 스킬 중심 인력 계획에서는 어떤 스킬이 부족한지 파악하여 이를 통해 채용, 육성, 외부 아웃소싱, AI 자동화, 외부 프리랜서의 활용 등 다양하고 확장성 있는 대응 방안을 도출할 수 있다.

이런 스킬 기반 인력 계획을 위해서는 구성원들의 스킬 데이터베이스의 구축이 필수적이며, 또한 지속적으로 변화하는 스킬을 평가하고 업데이트하는 프로세스 또한 필수적이다. 그리고 미래 전략과 연계하는 절차가 반드시 필요하다. 스킬 기반 인력 계획은 스킬을 진단하고 개발하는 것이 목적이 아니라 미래 전략에 최적화된 조직의 스킬 세트를 구축하는 것이기 때문이다.

스킬 기반 경력 이동

 스킬 기반 조직과 인력 계획에 있어 조직의 유연한 이동은 필요조건 중 하나이다. 급격하게 변화하는 업무는 다양한 스킬들의 조합 또는 팀을 원한다. 이때 내부 인력의 직무 또는 프로젝트 사이의 이동은 점점 더 자연스러워질 것이다. 이런 관점에서 글로벌 기업들은 경력 이동 또는 내부 이동의 중요성을 강조하고 있다.

 내부 이동(또는 경력 이동)에 있어서 스킬을 중심으로 실행하는 것을 스킬 기반 경력 이동Career Mobility이라고 한다. 딜로이트의 〈글로벌 인적자본 동향 설문조사Global human capital Trends Survey〉에 따르면 구성원의 50%는 조직 내에서 다른 일을 찾는 것보다 외부 채용 공고를 통해 다른 일을 찾는 것이 더 쉽다고 말한다. 직무 중심의 조직에서는 팀 또는 직무 단위의 공고함 때문에 경력 이동에 있어 보수적인 것이 사실이다.

 글로벌 제약회사 버텍스는 내부 이동 활성화의 필요성을 감지하고, 본격적으로 스킬 기반 내부 이동 제도를 실행하였다. 스킬을 중심으로 스킬 데이터베이스를 구축하고, 이를 바탕으로 경력 경로를 설계하였으며, 지속적인 경력 개발의 기회를 제공하여 내부 이동을 활성화했다. 인사 그룹 임원인 킴벌리 로즈는 "우리 구성원들은 몇천 개의 스킬을 가지고 있다. 그리고 우리는 이런 스킬을 활용하고 있다. 우리의 스킬 데이터베이스는 내부 이동을 활성화하고 있으며, 내부 이동을 장려하고 투명성과 공정성을 강화하고 있다"라고 말한다.

킴벌리 로즈의 말처럼 스킬 기반 경력 이동은 조직 변화에 대한 유연한 대응이라는 장점 외에도 내부 이동에 있어 공정성과 투명성을 더한다는 장점이 있다. 과거의 조직 개편은 임원 회의 또는 인사담당 부서의 비공개 회의를 통해 결정한 후 이를 통보하는 형식으로 이루어졌다. "제가 왜 A 부서에 가야 하나요?", "왜 저는 B 부서에 가지 못하나요?"에 대해 명확한 커뮤니케이션이 이루어지지 못한 것이 사실이다.

하지만 스킬 기반 내부 이동은 공정성과 투명성을 확보할 수 있다. 스킬 기반 내부 이동에서는 "A 부서로 가야 하는 이유는 당신이 가지고 있는 스킬들이 A 부서에 꼭 필요하기 때문입니다." 또는 "B 부서로 가려면 C 스킬과 D 스킬을 최소 4레벨까지는 올려야 합니다. 앞으로 더 많은 학습과 경험을 축적하면 좋겠습니다." 이처럼 공정하고 투명한 답변을 가능하게 한다.

스킬 분석 시스템과 스킬 매칭 플랫폼

스킬 기반 경력 이동을 실행하는 회사들은 일반적으로 스킬 분석 시스템과 스킬 매칭 플랫폼을 활용하는데, 이 부분에 대해 함께 알아보자. 스킬 분석 시스템을 활용한다는 것은 내부 경력 이동 경로와

스킬 퍼스트

그림 20 경력 이동과 스킬을 추적·분석

First job:
Customer service rep

10 current skills
- Data storage
- IT and office technology
- Customer experience
- Data communication standards
- Soft skills
- CRM tools
- Sales skills
- Communication
- Time management
- Documentation

Second job:
Tech support specialist

Skills go latent

4 new skills
- Technical data analysis
- Data management
- Technical support
- IT framework

2 latent skills
○ Data storage
○ Sales skills

47% skill distance vs first job
43% increase in salary

Third job:
Information security analyst

3 new skills
- Network security
- Risk management framework
- Regulations

5 additional latent skills
○ Customer experience
○ Data communications standards
○ Soft skills
○ CRM tools
○ Time management

53% skill distance vs second job
51% increase in salary

| 고객 서비스 대표 | 기술 지원 전문가 | 정보 보안 분석가 |

스킬의 변화, 이전 직업 대비 스킬의 차이, 급여 상승도를 추적해서 관리할 수 있음

스킬 데이터베이스는 경력 이동을 위한 개인의 스킬 경로를 제시함

출처: ATD 24 Digital Credentials: The New Currency in Skills-Based Hiring and Development - David Koehn

스킬을 함께 분석하여 구성원들에게 적절한 경력 경로를 추천하고 스킬 데이터의 누적을 통해 다양한 인사이트를 도출한다는 것을 의미한다.

[그림 20]은 한 사람의 경력 이동과 스킬을 추적·분석하는 모습을 보여 주고 있다. 고객 서비스 대표에서 기술 지원 전문가로, 그리고 정보 보안 분석가로 이동하면서 필요 스킬과 새로운 스킬, 잠재된 스킬들을 보여 주고 있다. 직무 변화 이전 직업 대비 스킬의 차이, 그리고 급여 상승도를 추적 관리하면서 통합적인 스킬 및 경력 관리가 가능하다는 특징이 있다. 이를 통해 구성원들에게 경력 개발 경로를 스

그림 21 스킬 매칭 탤런트 마켓플레이스 플랫폼

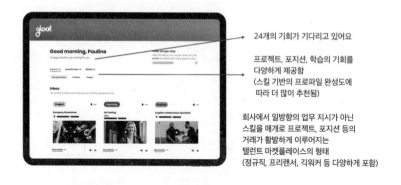

24개의 기회가 기다리고 있어요

프로젝트, 포지션, 학습의 기회를
다양하게 제공함
(스킬 기반의 프로파일 완성도에
따라 더 많이 추천됨)

회사에서 일방향의 업무 지시가 아닌
스킬을 매개로 프로젝트, 포지션 등의
거래가 활발하게 이루어지는
탤런트 마켓플레이스의 형태
(정규직, 프리랜서, 긱워커 등 다양하게 포함)

출처: https://joshbersin.com/2021/06/gloat-receives-57m-round-defining-the-talent-marketplace/

킬 기반으로 올바르게 제시할 수 있다.

스킬 기반 경력 이동에 많이 사용하는 플랫폼으로 스킬 매칭 플랫
폼을 들 수 있다. 탤런트마켓플레이스^{Talent Marketplace} 플랫폼이라고도
하는데, Gloat 또는 Fuel50 등의 사이트들이 대표적이다. 조직 내부
이동을 활성화하며 스킬을 기반으로 다양한 매칭이 이루어질 수 있
도록 지원한다.

예를 들어 사이트에 접속하면 24개의 기회가 기다리고 있다고 얘
기해 준다(그림 21 참고). 이는 본인의 스킬을 기반으로 스킬이 필요한
부서 또는 프로젝트에서 제안한 건수다. 이 플랫폼을 통해 프로젝트,
포지션, 학습의 기회 등 다양한 경험을 제공할 수 있으며, 스킬 기반
프로파일 완성도에 따라 더욱 많은 경험이 추천되는 구조이다. 이는

스킬 퍼스트

회사 내 정규직뿐만 아니라 프리랜서, 긱워크 등 다양한 외부 인력을 연결하는 확장성 또한 가지고 있다.

슈나이더 전자Schneider Electric는 직원들이 자신의 스킬 세트를 확장할 수 있도록 오픈 탤런트 마켓이라는 플랫폼을 도입했다. 이 플랫폼은 AI를 기반으로 직원들의 스킬과 경력을 분석해 구성원들에게 맞는 프로젝트, 멘토링 또는 새로운 직무 기회를 제안한다. 이를 통해 구성원들은 자신의 경력을 발전시키고, 회사는 인재를 효율적으로 재배치하고 있다.

펩시는 스킬 기반의 인재 이동을 장려하기 위해 긱GIG이라는 프로그램을 운영하고 있다. 이 프로그램은 단기 프로젝트에 구성원들이 참여하여 새로운 스킬을 습득하거나 다양한 경험을 쌓는 기회를 제공한다. 직원들은 다른 부서로 이동하지 않아도 다양한 부서의 경험을 쌓고 새로운 경력을 탐색할 수 있는 기회를 얻는다.

네슬레는 직원들이 다양한 직무로 이동할 수 있도록 탤런트 마켓 플레이스 플랫폼을 활용한다. 이 플랫폼을 통해 구성원들은 스킬과 경험, 관심사에 맞는 직무 경험 기회를 찾아내어 제안한다. 네슬레의 직원들은 이 플랫폼을 통해 다양한 업무를 경험하고 경력을 발전할 수 있도록 지원받고 있다.

스킬 기반의 인력 계획 및 이동은 기존의 직무 중심 인력 계획 및 이동과는 달리 중앙 집권식의 일방향적 방법을 탈피한다. 탤런트 마켓플레이스라는 디지털 플랫폼을 활용해 인력 계획과 배치, 경력 개발을 회사 내 수요와 공급 중심으로, 그리고 구성원들의 참여가 활발히 이루어지는 형태로 바꾸어 나가고 있다.

SKILLS FIRST

Module
4

스킬 모델링

스킬 모델링의 7단계

스킬 모델링 7단계 ───────────────

스킬 모델을 구축하고 활용하는 스킬 모델링은 7단계로 이루어진
다. 스킬 모델링의 목표 설정, 스킬 데이터베이스의 구축, 스킬 수준
의 정의, 평가 전략의 도출, 스킬 갭 분석, 해결 방안 도출 및 실행, 모
니터링 및 평가, 업데이트의 단계를 거치게 된다. 각 단계에 대해 구
체적으로 살펴보자.

1단계: 스킬 모델링의 목표 설정

스킬 모델링을 하기 전 가장 기본이 되는 중요한 단계다. 스킬 모
델링을 통해 해결하려는 목표를 명확히 하는 것이다. 목표 설정이 명
확하고 구체적이지 않다면 나머지 단계의 진척은 어려워질 가능성

그림 21 스킬 모델링의 7단계 프로세스

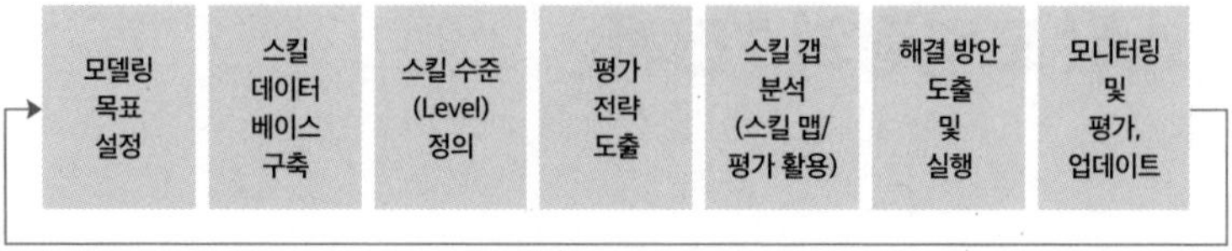

모델링 목표 설정	스킬 데이터 베이스 구축	스킬 수준 (Level) 정의	평가 전략 도출	스킬 갭 분석 (스킬 맵/ 평가 활용)	해결 방안 도출 및 실행	모니터링 및 평가, 업데이트

이 크다. 따라서 스킬 모델링을 왜 하는지, 그리고 궁극적으로 얻고 자 하는 목표가 무엇인지를 반드시 설정하고 스킬 모델링을 진행해 야 한다.

[예시] 인사담당자의 세일즈 신입사원에 대한 스킬 모델링

인사담당자는 세일즈 신입사원의 기본 능력 배양이라는 목표를 설정한다. 세일즈팀에서 신입사원이 갖춰야 할 역량을 명확히 하고, 이를 바탕으로 교육 프로그램 및 평가 기준을 수립하는 것을 목표로 잡는다.

2단계: 스킬 데이터베이스 구축

스킬 모델링의 목표에 맞게 스킬 데이터베이스를 구축하는 단계 이다. 목표에 맞는 스킬을 모으고, 분류하고, 정리하는 과정이라고 할 수 있다. 스킬 데이터베이스를 구축하는 방법으로는 크게 4가지 가 있다.

첫째, 기업이나 조직 자체적으로 스킬 데이터베이스를 구축하는 방법이다.

지멘스^{Siemens}는 스킬의 중요성을 강조하고, 스킬의 데이터베이스를 확보하기 위해 'My Skills'를 운영하며 스킬 데이터베이스를 관리하고 있다. 스킬들은 300명 이상의 전문가에 의해 관리되고 지속적인 업데이트 과정을 거친다.

둘째, 오픈 소스를 활용하는 것이다.

다양한 오픈 소스들이 공개되어 있는데 유럽연합에서 운영하고 있는 에스코^{ESCO}와 미국 노동부에서 운영하고 있는 오넷^{O*NET}이 대표적이다. 이들 사이트에 들어가면 다양한 스킬 정보와 더불어 직무별 스킬, 직무별 임금 등 많은 정보를 무료로 활용할 수 있다.

셋째, 스킬 전문기관을 활용하는 것이다.

스킬 기반의 플랫폼 회사들의 DB를 활용해 자사의 스킬 데이터베이스를 구축하는 방식이다. 대표적인 사이트로 에잇폴드에이아이, 글로트를 들 수 있다.

넷째, 역량 데이터베이스 또는 역량 사전을 가지고 있다면 이를 스킬로 분해하는 방법이다.

역량을 기반으로 하되 실질적인 아웃풋과 연결되도록 스킬로 나누는 방식이다.

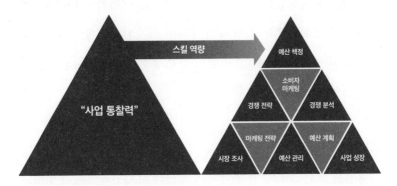

그림 23 역량에서 스킬로의 변화

스킬 역량

"사업 통찰력"

예산 책정
소비자 마케팅
경쟁 전략 / 경쟁 분석
마케팅 전략 / 예산 계획
시장 조사 / 예산 관리 / 사업 성장

• 범위가 넓은 역량에서 구체적인 스킬 단위로 세분화
• 스킬을 세분화할 때 실질적 성과와 직접 연결된 스킬, 그리고 구체적인 단위의 스킬로 구성

출처: https://blog.degreed.com/shift-from-competency-model-to-skills-5-steps/

[예시] 인사담당자의 세일즈 신입사원에 대한 스킬 모델링

세일즈 신입사원에게 필요한 15가지 핵심 스킬을 도출하고 이를 데이터베이스로 구축한다. 즉 15가지 핵심 스킬을 제품 지식, CRM 시스템 사용, 영업 프로세스 이해, 데이터 분석 능력, 디지털 마케팅 도구 사용, 시장 분석 및 조사 능력, 프레젠테이션 스킬, 영업 목표 설정 및 관리, 의사소통 능력, 협상, 고객 관계 관리, 문제해결, 감성 지능, 시간 관리, 팀워크 및 협업으로 스킬을 도출한다. 그리고 도출된 스킬에 대한 정의를 내린다.

스킬 퍼스트

3단계: 스킬 수준의 정의

각 스킬이 도출되었다면 스킬 수준Level을 정의하는 단계이다. 개별 스킬에 대해 수준을 초급, 중급, 고급 또는 몇 개 레벨로 나누고 이에 대한 수준의 행동 지표들을 뽑아 내는 단계이다.

고등 교육의 품질과 성과를 향상하는 것을 목표로 하는 미국의 비영리 재단인 루미나 재단은 스킬 레벨을 나눌 수 있는 가이드를 8단계로 제시하고 있다.

[일반적 수준]

· 1단계: 초보자

· 2단계: 팀에 기여

· 3단계: 독립적 작업 가능

· 4단계: 모범 사례를 제시

[전략적인 수준]

· 5단계: 복잡한 상황을 분석

· 6단계: 전략 도출 및 팀 리딩

[업계 선도 수준]

· 7단계: 새로운 트렌드 설정

· 8단계: 오피니언 리더

일반적으로 실무에 활용할 때는 초급, 중급, 고급 또는 5레벨로 나누는 것이 일반적이다. 레벨의 구분은 실질적 활용성과 효과성·효율성을 고려해 조직에 맞게 설정하는 것이 중요하다.

[예시] 인사담당자의 세일즈 신입사원에 대한 스킬 모델링

인사담당자는 각 스킬에 대한 레벨을 초급, 중급, 고급으로 나누고 다음과 같은 행동 지표를 전문가와 협업 리더들과 함께 도출한다.

CRM 시스템 사용의 스킬 수준은 다음과 같이 정할 수 있다.

- 초급: CRM 시스템에서 고객 데이터를 입력하고, 간단한 조회를 할 수 있다.
- 중급: 고객 데이터를 분석하여 영업 전략을 세울 수 있다.
- 고급: CRM 데이터를 활용해 고객 관리 효율성을 높이고, 영업 성과를 극대화할 수 있다.

협상의 스킬 수준을 구성하는 예를 살펴보면 다음과 같다.

- 초급: 고객의 요구를 이해하고 간단한 협상에 참여할 수 있다.
- 중급: 복잡한 협상에서 거래 성사율을 높일 수 있다.
- 고급: 고객과의 장기적인 관계를 고려해 전략적으로 협상할 수 있다.

스킬 퍼스트

4단계: 평가 전략 도출

스킬에 대한 평가를 어떻게 할 것인지를 결정하는 단계이다. 평가 부분은 100% 완벽하게 설계하기란 어려움이 따르는 것이 사실이다. 평가 전략을 도출할 때는 블룸의 텍소노미(학습 목표 위계 구조)를 참고하는 것이 추천되는데, 전체적인 평가 전략에 가이드라인을 잡아 주는 역할을 한다.

평가 전략을 도출할 때 블룸의 텍소노미를 가이드로 스킬에 맞는 적절한 평가 방법을 도출하는 것이 중요하며, 염두에 두어야 하는 것은 학습을 평가하는 것이 아닌 실질적인 능력을 평가하도록 설계되

표 1 학습 인증이 아닌 능력을 평가

창조	학습자가 새로운 아이디어를 창출하거나, 여러 가지 정보를 통합해 새로운 방식으로 문제를 해결할 수 있는 능력 (평가 방법: 계획, 설계, 창의적 해결 방안)	
평가	정보나 전략을 평가하고, 그 가치를 판단할 수 있는 단계 (평가 방법: 논리적 근거 제시, 토론 평가)	시연, 토론 평가, 동료 평가, 상사 평가, 시뮬레이션 평가
분석	정보를 분석하고, 여러 요소 간의 관계를 파악하며 문제의 본질을 이해하는 단계 (평가 방법: 원인 분석, 문제의 핵심 파악, 데이터 분석 평가)	
적용	학습한 정보를 현실 상황이나 문제에 적용할 수 있는 단계 (평가 방법: 문제해결, 시나리오 기반 평가)	
이해	정보를 단순히 기억하는 것이 아니라, 이를 이해하고 설명할 수 있는 단계 (평가 방법: 요약, 설명, 비교 능력 평가)	학습 이수, 테스트
기억	학습자가 정보를 기억하고 재현할 수 있는 단계 (평가 방법: 객관식, 단답형 평가)	

표 2 IBM의 스킬 레벨 구분 및 검증 방식 가이드

마스터	현장의 실질적 문제에 대한 해결 능력 검증
고급	엄격하게 설계된 시험의 통과
중급	동료 평가 또는 내부 평가 기준 통과
기본	학습 과정 이수 또는 시험 통과

* 스킬의 레벨 및 평가 방식은 스킬의 특성에 따라 다르게 설정

어야 한다는 점이다.

IBM에서는 스킬 평가에 대한 가이드라인을 제시하고 있는데, 스킬에 대한 엄격한 관리와 공정한 평가를 위한 가이드라인이다. 이는 가이드라인일 뿐, 각 스킬의 특성에 따라 레벨 및 평가 방식은 다르게 설정된다.

[예시] 인사담당자의 세일즈 신입사원에 대한 스킬 모델링

인사담당자는 신입사원의 15가지 핵심 스킬을 평가하기 위한 평가 전략을 수립한다. 실무 테스트, 상사 평가, 동료 평가 등을 통해 신입사원의 스킬을 평가할 수 있는 구체적인 방법을 설계해야 한다.

CRM 시스템 사용 평가의 경우 신입사원에게 실제 고객 데이터를 CRM 시스템에 입력하고, 보고서를 작성하는 과제를 부여하여 평가

한다. 협상 능력 평가는 시뮬레이션 형태로 고객 역할을 맡은 상사와 협상 과정을 진행해 평가 계획을 잡는다. 그리고 고객 관계 관리의 경우 상사가 고객과의 의사소통 및 관계 관리 상황을 관찰하고 피드백을 제공하는 방식으로 평가를 설계한다.

5단계: 스킬 갭 분석

스킬 갭 분석은 크게 3가지 단계로 이루어지는 것이 보편적이다.

Step 1. 목표 스킬 세트의 도출

조직 목표 달성을 위해서 어떤 스킬이 필요한지, 그리고 스킬별로 어느 수준이 필요한지에 대해 도출하는 단계이다. 조직이 목표하는 수준에 도달했을 때를 가정하여 필요한 스킬을 도출한다. 조직 내 임직원들의 인터뷰, 산업계 전문가나 미래 예측 보고서 등을 참조하여 종합적으로 도출해 내는 과정이 필요하다.

다음 [표 3]은 채용 담당자의 디지털 스킬 10가지를 도출하고 직급별로 필요한 레벨 수준을 선정해 채용 담당자의 디지털 스킬 세트를 작성한 결과이다.

Step 2. 현 스킬 수준의 진단

목표한 스킬 대비 현 수준에 대해 진단하는 방법이다. 진단 대상자

표 3 채용 담당자의 직급별 디지털 스킬 세트

스킬	사원	대리	과장/차장	팀장
채용 관리 시스템(ATS) 사용	LV 2	LV 3	LV 4	LV 5
엑셀 및 데이터 처리	LV 2	LV 3	LV 4	LV 5
소셜 미디어 활용	LV 2	LV 3	LV 4	LV 5
데이터 시각화 도구 사용	LV 1	LV 2	LV 3	LV 4
협업 및 커뮤니케이션 도구 활용	LV 2	LV 2	LV 3	LV 4
채용 분석 및 리포팅 도구 사용	LV 1	LV 2	LV 3	LV 4
AI 기반 채용 도구 활용	LV 1	LV 2	LV 3	LV 4
문제해결적 사고	LV 2	LV 3	LV 4	LV 5
데이터 처리 및 분석 자동화	LV 1	LV 2	LV 3	LV 4
디지털 마케팅 도구 사용	LV 1	LV 2	LV 3	LV 4

들에게 자가 진단, 동료 평가, 상사 평가, 테스트, 시뮬레이션 테스트 등 적절한 평가 방법에 의해 현 수준을 측정하는 과정을 진행한다.

Step 3. 스킬 갭의 도출

목표 스킬 세트와 현 스킬 수준과의 갭을 도출하는 단계이다.

[표 4]는 채용 담당자 중 시니어 그룹(과·차장급)의 디지털 스킬 갭을 잘 보여 주고 있다. 목표로 하는 스킬 레벨과 현재 레벨 사이의 갭을 일목요연하게 제시하고 있다. 스킬 갭은 스킬 수준의 현주소를 알려 주며, 향후 해결 방안을 추진할 때 방법과 우선순위를 알려 주는 역할을 한다.

표 4 채용 담당자 중 시니어 그룹(과·차장급)의 디지털 스킬 갭

스킬	목표 스킬 레벨	현재 레벨	스킬 갭
채용 관리 시스템(ATS) 사용	LV 4	LV 2	2
엑셀 및 데이터 처리	LV 4	LV 3	1
소셜 미디어 활용	LV 4	LV 1	3
데이터 시각화 도구 사용	LV 3	LV 1	2
협업 및 커뮤니케이션 도구 활용	LV 3	LV 3	0
채용 분석 및 리포팅 도구 사용	LV 3	LV 2	1
AI 기반 채용 도구 활용	LV 3	LV 2	1
문제해결적 사고	LV 4	LV 3	1
데이터 처리 및 분석 자동화	LV 3	LV 1	2
디지털 마케팅 도구 사용	LV 3	LV 1	2

[예시] 인사담당자의 세일즈 신입사원에 대한 스킬 모델링

인사담당자는 세일즈 신입사원이 현재 보유한 기술과 조직이 요구하는 기술 사이의 스킬 격차를 분석한다. 이를 통해 신입사원이 어떤 분야에서 부족한지, 어떤 교육이 필요한지 파악한다.

신입사원의 평가 결과를 분석한 결과, 대부분의 신입사원이 고객 니즈 분석이나 협상 능력에서는 좋은 성과를 보였다. 그러나 CRM 시스템 활용 능력이 미흡한 것으로 나타났다. CRM 시스템 교육을 강화하고 추가적인 실습 기회를 제공해야 한다는 시사점을 얻을 수 있다.

표 5 먼저 해결해야 할 스킬의 우선순위를 도출

스킬	스킬 갭	중요도
채용 관리 시스템(ATS) 사용	2	5
엑셀 및 데이터 처리	1	4
소셜 미디어 활용	3	4
데이터 시각화 도구 사용	2	3
협업 및 커뮤니케이션 도구 활용	0	5
채용 분석 및 리포팅 도구 사용	1	4
AI 기반 채용 도구 활용	1	3
문제해결적 사고	1	5
데이터 처리 및 분석 자동화	2	3
디지털 마케팅 도구 사용	2	4

6단계: 해결 방안 도출 및 실행

스킬 갭으로 벌어지고 있는 격차를 줄이는 실질적인 해결안을 도출하는 방법이다. 먼저 해결해야 할 스킬의 우선순위를 도출해야 하는데, 중요도와 스킬 갭(시급성)을 바탕으로 표를 그려 볼 수 있으며, [표 5]는 중요도를 추가로 도출해 본 것이다.

채용 관리 시스템의 활용부터 디지털 마케팅 도구 활용까지 스킬 갭 현황과 중요도를 바탕으로 우선 순위의 스킬을 선택해 보면 [그림 24]와 같이 채용 온라인 시스템의 활용, 마케팅 도구 활용, 소셜미디어 활용의 3가지 개발 우선순위 스킬을 도출해 볼 수 있다. 이 스킬들은 중요도가 높고, 스킬 갭이 커서 개발의 시급성이 높은 스킬이

스킬 퍼스트

그림 24 스킬 갭 현황과 중요도를 바탕으로 도출한 우선순위 스킬

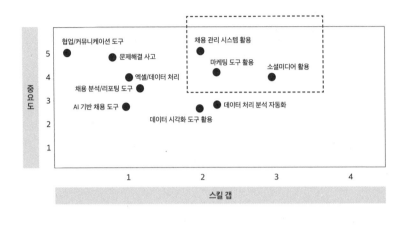

라고 할 수 있다. 이렇게 우선순위로 도출된 스킬을 중심으로 사내외 전문가의 의견을 종합하여 스킬 갭을 극복할 수 있는 해결 방안을 마련한다.

[예시] 인사담당자의 세일즈 신입사원에 대한 스킬 모델링

스킬 갭 분석 결과를 바탕으로 해결 방안을 도출하고 이를 실행한다. 여기에는 교육 프로그램을 설계하거나 멘토링 제도를 도입하는 것이 포함될 수 있다. CRM 시스템 교육 강화를 위해서는 신입사원들이 CRM 시스템을 더욱 효율적으로 활용할 수 있도록 집중 교육 프로그램을 도입한다. 또한 협상 스킬 향상을 위해 협상 능력이 부족

한 신입사원들에게 시뮬레이션 및 멘토링 프로그램을 운영하여 실질적인 협상 경험을 제공하는 방안을 계획하고 실행한다.

7단계: 모니터링 및 평가/업데이트

스킬 모델링에 따른 실행 방안을 모니터링하고 평가하며 업데이트하는 과정이다. 스킬은 계속해서 변화하기 때문에 지속적인 모니터링과 평가 그리고 업데이트하는 과정이 매우 중요하므로 이를 간과하지 말아야 한다.

[예시] 인사담당자의 세일즈 신입사원에 대한 스킬 모델링

신입사원의 스킬 발전 상황을 지속적으로 모니터링하고, 필요에 따라 스킬 모델을 업데이트한다. 신입사원이 교육받은 후 실질적으로 업무에서 그 스킬을 얼마나 잘 활용하고 있는지 평가한다. 모니터링의 경우 교육 후 3개월마다 CRM 시스템 사용 능력과 고객 관리 능력에 대한 피드백을 수집하고, 신입사원의 성과를 주기적으로 평가한다. 또한 영업 환경이나 제품 변화에 따라 스킬 데이터베이스를 업데이트하고, 필요할 경우 새로운 스킬에 대한 교육을 추가한다.

스킬 퍼스트

AI를 활용한 스킬 모델링 사례

AI를 활용한 스킬 모델링

스킬은 역량에 비해 데이터의 규모가 방대하다. 모델링을 사람이 일일이 다 하기에는 한계가 있다. 따라서 스킬 모델링에는 AI가 많이 활용되고 있는데, AI 스킬 모델링의 대표적인 툴을 바탕으로 스킬 모델링하는 방법을 공유하고자 한다.

글로벌 교육 플랫폼 회사인 360러닝360Learning은 챗GPT의 서비스 중 하나인 GPTs에 스킬에 특화된 GPT를 만들어 공유하고 있는데, 바로 SkillsGPT다. SkillsGPT를 활용하면 개별 스킬 데이터베이스를 생성할 수 있고, 각 스킬에 따른 레벨과 행동 지표를 만들어 낼 수 있다. 또한 각 스킬의 비즈니스 중요도 등 다양한 스킬 모델링에 해당하는 기능을 활용할 수 있는 것이 특징이다.

SkillsGPT의 경우 링크드인^{LinkedIn} 자체의 직무 온톨로지(3만 개 스킬)와 360러닝의 독점 스킬 및 직무 데이터에서 데이터를 사용하고 있는 것이 특징이다. 챗봇과 마찬가지로 SkillsGPT는 프롬프트에 따라 작동된다.

HR 담당자의 스킬 모델링

지금부터는 HR 담당자의 핵심 스킬을 규명하고, 이를 개발하기 위한 방안까지 만들어 내는 목표를 바탕으로 SkillsGPT와 스킬 모델링하는 과정을 소개하고자 한다. 지면이 허락하는 한계상 긴 답변의 경우 (중략)으로 표시하고자 하니 이 부분을 참고하여 주시길 바란다. SkillsGPT를 활용하는 방법은 간단하다. 챗GPT의 GPT 탐색을 클릭하고, 여기에 SkillsGPT를 검색한 후 이를 선택하고 대화를 시작하면 된다.

스킬 퍼스트

[프롬프트 입력]

HR 담당자가 직무에서 갖추어야 할 15가지 스킬에 대해 알려 줘.

[Skills GPT 답변]

HR 담당자가 직무에서 갖추어야 할 15가지 핵심 스킬은 **기술적 스킬**Hard Skills과 **비기술적 스킬**Soft Skills로 나누어 설명할 수 있습니다. HR 담당자는 직원의 채용, 성과 관리, 교육, 조직문화 등 다양한 영역에서 중요한 역할을 하므로, 이들의 스킬은 HR의 여러 기능을 원활히 수행하는 데 필수적입니다.

1. 기술적 스킬 Hard Skills

1) 채용 관리 시스템ATS **사용 능력**
ATSApplicant Tracking System를 통해 지원자의 이력서 관리, 서류 심사, 인터뷰 일정 조율 등 채용 프로세스를 체계적으로 관리할 수 있는 능력

2) 데이터 분석 능력
HR 관련 데이터를 분석하고, 인사이트를 도출하여 의사결정에 활용할 수 있는 능력. 예를 들어, 이직률 분석, 직원 성과 평가 데이터 분석 등을 처리할 수 있어야 함

3) 보상 및 급여 관리
급여와 복리후생 관리 시스템에 대한 이해와 운영 능력. 또한, 법적 규제에 맞춰 급여를 관리하고, 공정한 보상 체계를 설계할 수 있어야 함

4) 인사 기록 및 규정 관리

직원들의 근태, 성과 기록, 법적 문서 등을 정확히 기록하고 관리할 수 있는 능력. 이는 조직의 규정을 준수하고 감사 요구 사항을 충족시키기 위해 필수적임

5) HRIS 시스템 사용 능력

HRIS^{Human Resource Information System}를 활용하여 인사 데이터를 저장, 관리 및 분석하는 능력. 예를 들어, Workday, SAP SuccessFactors와 같은 HRIS 시스템을 능숙하게 다루는 것

6) 노동법 및 규제 지식

노동법, 고용법, 안전 규정 등과 같은 법적 요구사항에 대한 철저한 이해. 이러한 법규에 맞춰 인사 정책을 운영할 수 있어야 함

7) 교육 및 학습 관리 시스템^{LMS} 사용 능력

LMS^{Learning Management System}를 통해 교육 프로그램을 설계하고, 직원들의 학습 진행 상황을 추적할 수 있는 능력

8) 재택근무 및 원격근무 관리

원격근무 환경에서 팀의 생산성과 협업을 관리하는 방법에 대한 이해. 이는 특히 최근 원격 근무의 확산으로 중요한 스킬로 자리 잡음

2. 비기술적 스킬 ^{Soft Skills}

9) 의사소통 능력

다양한 이해관계자들과 명확하게 소통하고, 팀 내외에서 효과적으로 커뮤니케이션하는 능력. 특히 HR 담당자는 경영진, 직원, 외부 파트너 등과의 소통이 잦기 때문에 이 능력이 매우 중요함

10) 문제해결 능력

복잡한 인사 문제를 분석하고, 효과적인 해결책을 도출하는 능력. 이는 갈등 상황을 해결하거나 직원들이 직면한 문제를 신속하게 처리하는 데 필수적임

11) 리더십 및 영향력 발휘 능력

HR 정책을 통해 조직 내에서 변화와 성장을 이끌고, 직원들에게 긍정적인 영향을 미치는 능력. 리더십은 HR 관리자뿐만 아니라 HR 담당자에게도 중요한 역할을 함

12) 조직문화 관리

건강한 조직문화를 조성하고, 직원들이 소속감을 느낄 수 있도록 돕는 능력. 이는 채용 및 직원 유지에 중요한 요소로 작용함

13) 갈등 해결 및 중재 능력

직원 간 또는 직원과 경영진 간의 갈등을 중재하고 해결하는 능력. 이를 통

해 조직 내에서 발생할 수 있는 문제를 조기에 발견하고 해결할 수 있음

14) 시간 관리 및 우선순위 설정 능력
여러 가지 프로젝트와 과제를 동시에 관리하면서도, 우선순위를 설정하여 효과적으로 시간 관리를 할 수 있는 능력

15) 감성 지능 Emotional Intelligence, EQ
타인의 감정을 이해하고 공감하며, 그에 맞는 적절한 대응을 할 수 있는 능력. 이는 갈등 상황에서 신뢰를 형성하고, 직원과의 관계를 긍정적으로 유지하는 데 중요한 역할을 함

결론
이 15가지 핵심 스킬은 HR 담당자가 조직 내에서 중요한 인재 관리와 조직 운영을 효과적으로 수행하기 위해 필요한 역량들입니다. 기술적 스킬은 주로 시스템 사용, 데이터 분석, 법규 준수와 관련되며, 비기술적 스킬은 소통, 문제해결, 조직 문화 관리에 중점을 둡니다. 이 두 가지 스킬 세트가 결합할 때, HR 담당자는 변화하는 노동 시장에서 전략적 파트너로서의 역할을 수행할 수 있습니다.

Skills GPT를 활용해 HR 담당자의 15가지 핵심 스킬을 뽑아 본 사례이다. 이를 바탕으로 스킬 모델링을 계속 진행해 보자.

[프롬프트 입력]

각 스킬을 5레벨로 나누고 레벨별 행동 지표를 하나씩 뽑아 줘.

[Skills GPT 답변]

아래는 HR 담당자가 직무에서 갖추어야 할 15가지 스킬을 5개의 레벨로 나누고, 각 레벨에서 요구되는 행동 지표를 하나씩 제시한 것입니다. 행동 지표는 각 레벨에서 해당 스킬을 어떻게 활용하는지를 구체적으로 설명합니다.

1. 채용 관리 시스템^{ATS} 사용 능력

- **LV1:** 기본적으로 지원자 정보를 입력하고 관리할 수 있음
  행동 지표: ATS 시스템에 지원자 데이터를 정확하게 입력하고, 기본적인 조회 기능을 사용함

- **LV2:** 지원자 필터링 및 서류 심사 과정을 관리할 수 있음
  행동 지표: ATS를 통해 지원자 서류를 자동으로 필터링하고, 적합한 후보자를 선별함

- **LV3:** 채용 과정 전반을 관리하고 성과를 추적할 수 있음
  행동 지표: ATS 내에서 채용 단계별 후보자의 진행 상황을 모니터링하고 보고서를 작성함

- **LV4:** ATS 시스템을 통해 채용 성과를 분석하고 개선안을 제안함

행동 지표: ATS 데이터를 기반으로 채용 프로세스의 효율성을 분석하고 개선할 부분을 파악함

· **LV5:** ATS 시스템을 커스터마이징하고, 조직에 맞는 워크플로를 설계함
  행동 지표: ATS 시스템을 최적화하여 채용 단계와 평가 기준을 맞춤 설정하고 운영함

2. 데이터 분석 능력
· **LV1:** 간단한 데이터 입력 및 필터링이 가능함
  행동 지표: HR 데이터를 엑셀에 입력하고, 기본적인 필터링 기능을 사용함

· **LV2:** 기본적인 데이터 분석 도구를 활용하여 통계 자료를 생성함
  행동 지표: 성과 평가 데이터를 분석하고, 기본적인 통계 보고서를 작성함

· **LV3:** HR 데이터를 바탕으로 인사이트를 도출함
  행동 지표: 이직률 데이터를 분석하여 이직 원인에 대한 통계적 인사이트를 도출함

· **LV4:** 복잡한 HR 데이터를 분석하고, 비즈니스 의사결정에 활용함
  행동 지표: 다양한 채용 KPI를 분석하여 인재 관리 전략을 수립하고 경영진에게 제안함

· **LV5:** HR 분석 솔루션을 설계하고 자동화함

행동 지표: 데이터 분석 프로세스를 자동화하고, 예측 분석을 통해 HR 성
과 개선 방안을 제안함

(중략)

15가지 HR 담당자의 핵심 스킬을 5레벨로 나누고 각 레벨에 맞는
행동 지표까지 뽑아 준 사례이다. 이를 바탕으로 각 스킬에 평가 방
법을 수립해 본다.

[프롬프트 입력]
스킬에 따른 적절한 평가 방법을 추천해 줘.

[Skills GPT 답변]
1. 채용 관리 시스템^ATS 사용 능력
- 평가 방법: 실무 테스트, 시뮬레이션 평가
- 설명: ATS 시스템을 실제로 사용해 지원자를 관리하는 시뮬레이션을 통
  해 평가. 예를 들어, 가상의 지원자 정보를 ATS에 입력하고, 필터링과 서
  류 심사를 실행하는 과정을 평가함

2. 데이터 분석 능력
- 평가 방법: 과제 기반 평가, 데이터 분석 시연
- 설명: 실제 HR 데이터를 제공하고, 이를 바탕으로 분석 보고서를 작성하게

하여 평가. 예를 들어, 이직률 분석을 통해 문제해결 방안을 도출하도록 함

3. 보상 및 급여 관리
- **평가 방법:** 케이스 스터디, 인터뷰
- **설명:** 가상의 보상 시나리오를 제공하고, 법적 규제와 시장 동향에 맞춘 보상 설계 능력을 평가. 인터뷰를 통해 복리후생 전략을 설명하게 함

4. 인사 기록 및 규정 관리
- **평가 방법:** 문서 검사, 시뮬레이션 평가
- **설명:** 실제 HR 서류(근태 기록, 직원 계약서)를 관리하고, 정확한 입력 및 서류 관리 능력을 테스트하는 시뮬레이션을 통해 평가

5. HRIS 시스템 사용 능력
- **평가 방법:** 실무 테스트, 시스템 시연
- **설명:** HRIS 시스템을 통해 데이터를 입력하고, 특정 데이터를 추출해 분석하는 실무 과제를 통해 평가. HRIS 내에서 다양한 데이터를 다루는 능력을 평가함

6. 노동법 및 규제 지식
- **평가 방법:** 필기 시험, 시나리오 기반 질문
- **설명:** 노동법과 규제에 대한 이론적 지식을 평가하는 필기시험을 실시하거나, 법적 문제를 해결하는 시나리오를 제공하여 대응 방법을 평가
  (중략)

스킬 퍼스트

SkillsGPT를 통해 각 스킬별로 평가 방법을 추천받아 본 것이다. 이제 스킬별로 중요도와 시급성을 뽑아 보도록 하자.

다음 [표 6]은 HR 담당자가 갖추어야 할 15가지 스킬에 대해 중요도와 시급성을 기준으로 정리한 것이다. 중요도는 해당 스킬이 HR 직무에서 얼마나 중요한지를 나타내며, 시급성은 해당 스킬의 격차가 클 경우 얼마나 빠르게 개선이 필요한지를 나타낸다.

표 6 HR 담당자가 갖추어야 할 15가지 스킬

스킬	중요도 (5점 만점)	시급성 (5점 만점)
채용 관리 시스템(ATS) 사용 능력	5	4
데이터 분석 능력	5	5
보상 및 급여 관리	4	3
인사 기록 및 규정 관리	4	3
HRIS 시스템 사용 능력	5	4
노동법 및 규제 지식	5	4
교육 및 학습 관리 시스템(LMS) 사용 능력	4	3
재택근무 및 원격근무 관리	3	3
의사소통 능력	5	5
문제해결 능력	5	4
리더십 및 영향력 발휘 능력	4	3
조직문화 관리	4	3
갈등 해결 및 중재 능력	4	4
시간 관리 및 우선순위 설정 능력	4	4
감성 지능(EQ)	5	5

5점 척도로 평가하였으며, 각 스킬의 상대적 중요도와 시급성을 기반으로 우선순위를 도출할 수 있다.

스킬 모델링의 7단계 중 스킬 데이터베이스 구축, 레벨 수준의 정의, 평가 전략의 도출, 그리고 중요도 및 시급성까지 AI와 함께 만들어 보았다. 스킬 갭 분석의 단계는 대상 구성원들의 실질적 진단과 평가가 이루어져야 하는데, 이 영역은 실제 현장에서 진행해야 할 것이다. 여기서는 시급성과 중요도를 바탕으로 우선순위 스킬을 도출해 보고 해결 방안을 추천받는 것까지 SkillsGPT를 활용해 보고자 한다.

[프롬프트 입력]

중요도와 시급성이 모두 4 이상인 스킬을 뽑아주고 각 스킬의 향상 방안에 대해 알려 줘.

[Skills GPT 답변]

중요도와 시급성이 모두 4 이상인 스킬들은 HR 담당자의 직무 수행에 있어서 가장 중요한 역할을 하며, 즉각적으로 개선이 필요한 핵심 역량입니다. 이 스킬들을 선택하고, 각 스킬의 향상 방안을 구체적으로 제시하겠습니다.

중요도와 시급성이 모두 4 이상인 스킬
- **채용 관리 시스템ATS 사용 능력**

  중요도: 5 시급성: 4

스킬 퍼스트

- **데이터 분석 능력**

  중요도: 5 시급성: 5

- **HRIS 시스템 사용 능력**

  중요도: 5 시급성: 4

- **노동법 및 규제 지식**

  중요도: 5 시급성: 4

- **의사소통 능력**

  중요도: 5 시급성: 5

- **문제해결 능력**

  중요도: 5 시급성: 4

- **감성 지능^{EQ}**

  중요도: 5 시급성: 5

각 스킬의 향상 방안

1. 채용 관리 시스템(ATS) 사용 능력

- 향상 방안:
- 정기적인 교육 및 실습: 최신 ATS 기능을 지속적으로 학습할 수 있는 교육 프로그램을 도입하고, 실습 세션을 통해 실무에 적용하는 방법을 배움

- **업데이트 및 최적화**: ATS 시스템이 업데이트될 때마다 새로운 기능을 즉시 도입하여 업무에 반영하고, 채용 단계에 맞는 ATS 기능을 최적화함
- **내부 가이드라인 및 체크리스트 작성**: ATS 사용의 효율성을 높이기 위해 채용 단계별로 정리된 가이드라인을 제공하고, 이를 통해 사용자들이 정확하게 시스템을 사용할 수 있도록 함

2. 데이터 분석 능력

- **향상 방안**:
- **고급 분석 도구 교육**: Excel 고급 기능, Power BI, Tableau 등 HR 데이터를 효과적으로 분석할 수 있는 도구 교육을 강화함
- **실제 프로젝트 기반 학습**: 실제 HR 데이터에 기반한 분석 프로젝트를 진행하여 문제해결 역량을 기르는 방식으로 학습
- **데이터 분석 인증 과정 참여**: 데이터 분석 관련 온라인 강좌나 자격증 프로그램에 참여하여 실질적인 데이터 해석 능력을 강화

(중략)

여기까지 SkillsGPT를 활용해 스킬 모델링을 진행해 보았다. 스킬의 양이 방대하고 모델링이 어려운 과정을 거치기 때문에 AI 기반의 도구를 활용하면 업무에 큰 도움이 될 것이다. 간단하나마 보여 준 사례를 바탕으로 AI 도구를 보다 적극적으로 활용한다면 복잡하고 어려운 스킬 모델링에 보다 쉽게 접근할 수 있을 것이다.

SkillsGPT를 활용해 정확도를 높이는 방법 ─────

SkillsGPT는 스킬 모델링 측면에 있어서 매우 훌륭한 도구이다. 하지만 100% 신뢰는 금물이다. 초안 또는 드래프트로는 훌륭하지만, 현장의 세부 특성을 반영하는 데 한계가 있다. 스킬 모델링의 내용은 현장 리더 또는 담당자의 확인과 전문가의 검증 과정이 반드시 필요하다. SkillsGPT의 정확성을 높이기 위해서는 직무 기술서와 과제 리스트가 도움이 된다. 특히 과제 리스트는 답변을 정확하게 받아 내는 데 큰 도움이 된다. 만일 직무 기술서와 업무 담당자의 작업 목록Task List이 있다면 이를 우선 입력하고 스킬 모델링을 하면 된다. 이 두 가지 중 한 가지만 있어도 정확도를 높일 수 있다. 직무 기술서는 AI가 직무 전체를 파악하는 데 도움이 되며, 과제 리스트는 AI가 실질적인 스킬을 뽑아내는 데 도움이 된다.

SKILLS FIRST

Module
5

스킬 퍼스트 시대, 어떤 스킬을 길러야 하는가

업스킬링과 리스킬링의 시대

기술의 발달과 러다이트 운동 ────────

기술의 발달은 일의 변화를 동반한다. 농기계의 발달은 농업과 관련된 많은 업무를 기계로 대체했고, 자동차의 등장은 말과 관련된 직업들을 삭제해 나갔다. 최근 디지털 트랜스포메이션의 물결과 챗GPT로부터 시작된 생성형 AI 혁명은 우리의 일에 또 다른 큰 변화를 예고하고 있다.

18세기 영국에서는 공장에서 숙련공들이 분업화하여 규격화된 제품을 대량 생산하는 산업이 발달했다. 공장제 수공업이라고 불리는 이 산업은 증기기관의 발명과 더불어 몰락하기 시작했다. 공장주들은 숙련공들에게 월급을 주는 것보다 기계를 구입하고 비숙련공을 고용하는 것이 훨씬 이익이었다. 기술의 발달에 따라 숙련공들의 자리는 점점 사라졌고, 기계 도입에 따른 저 숙련 저임금 노동 자리만 넘쳐났다. 이에 참을성을 잃은 노동자들은 비밀 결사대를 만들어 밤이 되면 기계를 부수거나 불태워 버렸다. 이는 타지역으로 번지게 되었고, 하나의 큰 사회적 운동이 되었다. 이것이 러다이트^{Luddite} 운동이다. 러다이트 운동이라고 불린 데는 여러 가지 설이 있는데 영국 중북부의 직물 공업 지대에서 기계 파괴 운동을 이끌었던 지도자 제너럴 러드$^{General\ Ludd}$의 이름에서 따왔다는 이야기가 하나의 설이다.

디지털 기술의 발달로 또다시 급격한 변화 속에서 네오 러다이트 운동이라는 신조어가 생겨나고 있다. '네오 러다이트 운동'은 빅데이터, 인공지능, 사물인터넷, 생성형 AI 등 새로운 디지털 혁명이 일어나면서 새로운 기술이 기존 일자리를 대체할지도 모른다는 공포심에서 혁신을 반대하는 현상을 말한다.

스킬 갭의 심화

스킬 갭의 정의는 '조직과 업무에서 요구하는 스킬과 실제 보유하고 있는 스킬의 차이'를 의미한다. 스킬 갭 현상은 조직에서 원하는 목표를 스킬 부족으로 인해 달성하지 못하게 만들어, 결국 조직의 성과를 저해하는 결과를 낳게 된다.

최근 디지털 기술의 급속한 성장은 스킬 갭 현상을 더욱 심화시키

스킬 퍼스트

그림 25 스킬 갭 현상

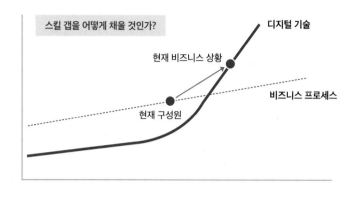

스킬 갭을 어떻게 채울 것인가?

디지털 기술

현재 비즈니스 상황

비즈니스 프로세스

현재 구성원

고 있다. 제조업이나 아날로그 기반 비즈니스에서는 조직의 성장이 연 단위로 5%, 10%, 15% 정도로 규모가 확장되는 것이 일반적이었다. 그러나 디지털 세계에서 비즈니스를 영위하는 조직의 경우 이런 성장 방정식을 따르지 않는다. 그들은 2배, 4배, 8배, 16배와 같은 기하급수적인 조직의 성장 경로를 그리고 있다. 이런 이유로 인해 조직의 성장에 따라 구성원에게 요구하는 스킬의 수준은 급격하게 증가하게 되었고, 구성원들은 이런 변화의 속도에 따라가지 못하면서 스킬 갭 현상은 더욱 심화되고 있는 것이다.

2022년 글로벌 IT 컨설팅 회사인 가트너Gartner가 조사한 바에 따르면 글로벌 HR 리더들의 60%는 그들의 우선순위 과제로 '핵심적인 스킬 개발'을 꼽고 있다. 스킬 갭의 심화 현상은 HR의 핵심 이슈로 대두된 지 오래다.

2022년 세일즈포스의 조사에 의하면 디지털 스킬 갭 인식 조사 결과, 디지털 스킬 인식 지표Digital Skill Perception Index에서 한국은 17점으로 조사 대상 19개 국가 중 18위라고 밝혔다. 조사 결과에 따르면, 국내 1,550명의 응답자 중 14%만이 현재 업무에 필요한 디지털 스킬을 보유하고 있다고 대답했다. 그러나 5년 이내 업무에 필요한 디지털 스킬을 보유하게 될 것이라고 말한 비율은 약 12%에 그쳤다. 응답자 중 8%만이 디지털 스킬 학습을 위한 리소스를 제공받고 있다고 밝혔으며, 스킬 개발을 위하여 학습과 트레이닝에 적극적으로 참여하고 있다는 비율은 약 14%에 불과했다. 스킬 갭 현상은 점점 더 심각해지고 있으나, 이에 대응하는 조직과 개인은 아직 초보 단계라고 할 수 있다.

스킬 갭 현상의 원인과 유형

스킬 갭은 다양한 원인에 의해 발생한다. 가장 큰 원인 중 하나로 기술의 발전을 들 수 있다. 현대 기술은 빠르게 발전하고 있어, 이에 따라 구성원들이 그 기술을 따라가기 어려운 이유로 스킬 갭 현상이 발생하고 있다. 또한 기술 발달과 내 외부 환경 변화에 따른 비즈니스 환경이 빠르게 발전하고 있는 이유도 크다. 예를 들어 콘텐츠나

스킬 퍼스트

유통 산업은 오프라인 매장 중심에서 온라인으로 비즈니스 환경이 바뀌면서 새로운 스킬에 대한 수요가 급속하게 증가했다. 그러나 오프라인 환경에 익숙한 구성원들은 새로운 디지털 환경에 적응하기 위한 스킬을 습득하는 데 어려움을 겪고 있다. 기술의 발전과 비즈니스 환경 변화 외에도 구성원의 경험 부족, 부적절한 훈련, 부실한 채용, 이직률의 증가, 교육 시스템의 실패, 잦은 역할이나 책임의 변화로 스킬 갭 현상이 발생한다.

이처럼 스킬 갭은 여러 가지 형태로 발생하지만, 크게 다음 3가지 유형으로 나누어 볼 수 있다.

첫째, 지식 격차

업무와 관련된 지식이 부족함을 의미한다. 구성원이 지식을 몰라서 발생하는 것으로 교육의 부재라든지, 구성원의 학습 동기 및 역량의 부족, 낮은 학습 능력 등에서 발생하는 스킬 갭이다.

둘째, 기술 격차

지식은 일반적으로 학습 정보와 개인의 지성을 의미한다. 기술은 주어진 상황에서 적절한 지식을 적용하는 능력을 의미한다. 이러한 기술 격차는 학습의 부족에도 기인하지만 경험의 부족, 적용 능력의 부족 등에서 발생하는 스킬 갭 현상이다.

셋째, 성과 격차

성과 격차의 주요 원인으로는 동기부여나 몰입의 부족을 들 수 있다. 앞선 두 가지 유형과 달리 성과 격차는 성공을 위한 모든 조건을 갖춘 직원이 미흡한 성과를 낼 때 발생한다. 이는 관리가 부실하거나 개인이 조직에 문화적으로 적합하지 않은 등 여러 가지 이유가 있을 수 있다.

업스킬링과 리스킬링

《사피엔스》의 저자이자 역사학자인 유발 하라리Yuval Harari는 그의 저서 《호모데우스》에서 빠른 변화에 대한 우려를 내비친 바 있다. 그는 멀지 않은 미래에 쓸모 없는 계급Useless Class이 등장할 것이라고 전망했다. 인공지능과 같은 첨단 기술이 단순노동을 대신하게 되고, 적지 않은 일자리가 자동화되며, 수많은 노동자가 고용시장에서 밀려난다는 것이다. 그는 '엄연히 존재하지만 할 일이 없는' 계급에게 어떤 삶의 의미를 제공해야 하는지, 그리고 이 문제를 어떻게 해결할 수 있을지에 대한 질문을 던진다.

그의 이런 질문은 기업 현장에서 현실이 되고 있다. 자동화로 인해 많은 업무가 사라지고, 기존의 인력 활용에 대해 고민의 정도가 심해지고 있다. 이런 현상이 발생하는 원인은 스킬 갭에 있다.

그림 26 스킬 갭을 줄이는 업스킬링과 리스킬링

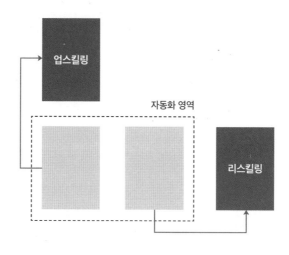

스킬 갭을 줄이는 대표적인 방법으로 업스킬링Upskilling과 리스킬링Reskilling을 들 수 있다.

업스킬링이란 동일한 일을 더 잘할 수 있도록 돕거나 더 복잡한 역할을 할 수 있도록 기술을 숙련하는 것을 의미한다. 이는 현재의 스킬 수준을 향상시킴으로써 더 높은 가치를 창출하는 것을 목표로 한다. 이와 달리 리스킬링은 지금까지와 다른 직무와 역할을 수행할 수 있도록 새로운 기술을 배우는 것을 의미한다. 이 과정을 밟은 노동자는 기존의 기술이 아닌, 완전히 다른 영역의 역량을 습득함으로써 완전히 다른 역할을 수행하게 된다.

표 7 업스킬링 vs 리스킬링

업스킬링	리스킬링
기존 경력을 유지하면서 기존 스킬에 관련 스킬을 더하는 것	다른 경력 경로를 추구하면서 새로운 스킬을 습득하는 것 (산업이나 직업의 변화를 동반)
기존 경력에 가치를 향상	새로운 경력 경로의 탐색
예) 개발자가 새로운 프로그래밍 언어를 습득	예) 공장 노동자가 개발자로 전직하기 위해 프로그래밍 언어를 습득

미래학자 앨빈 토플러Alvin Toffler는 "21세기의 문맹은 읽거나 쓰지 못하는 사람이 아니다. 배우지learn 못하고, 배운 것을 버리지unlearn 못하고, 다시 배우지relearn 못하는 사람이다"라고 말했다. 새로운 시대에는 업스킬링과 리스킬링을 꾸준히 못하면 도태된다는 의미다.

현재를 살아가는 이들 중 자신의 직업이 영원하리라고 믿는 사람은 없을 것이다. 미국 노동통계국에 따르면 35~45%의 사람들이 매해 직장을 옮긴다. 2019년 한 해 동안 12개월에 걸쳐 41.5%의 노동자가 이직했으며, 6,790만 명이 직장을 떠났고 7,000만 명이 고용되었다. 직업의 불안정과 빠른 변화는 직장인들의 업스킬링과 리스킬링에 대한 수요를 더욱 증대시키고 있다.

기업 또한 구성원들의 능력이 곧 경쟁력이 되기 때문에 업스킬링과 리스킬링을 강조하고 있다. 업스킬링과 리스킬링의 등장은 업무 자동화와 밀접한 연관이 있다. 기존에 하던 일이 로봇이나 AI에 의해 자동화되면서 사람들은 기존의 직업이 없어지거나 같은 직업을 유지한다 하더라도 자동화되어 가는 반복적 업무에서 벗어나 더 상위의 스킬을 습득해야 되기 때문이다.

채용 업무를 담당하는 사람들은 과거 채용 공고 공지, 서류 스크리닝, 면접 준비, 면접 실행, 채용 후보자 응대 등 많은 반복적 업무를 수행해야 했다. 하지만 최근 기술의 발전은 이런 업무를 획기적으로 자동화하고 있어 채용 업무 담당자에게 새로운 변화를 요구하고 있다. 채용 담당자의 반복적인 업무는 디지털과 AI에 맡기고 채용 전략 수립이나 채용 데이터 분석 등 보다 상위의 업무를 수행하기 위한 업스킬링이 필요하다.

업스킬링과 리스킬링의 실행

세계 최대 HR 컨퍼런스인 ATD23의 〈업스킬링과 리스킬링에서 승리하기: 성공을 위한 공식Winning at Upskilling and Reskilling: A Formula for Success〉 세션에서 자케린 브런트Jacqueline Burandt는 업스킬링과 리스킬링 실행을 위한 5단계를 제시하고 있다.

1단계: 미래 스킬의 명확화

1단계는 미래 스킬을 명확화하는 단계이다. 이 단계의 출발점은 조직의 미래 목표부터 출발해야 한다. 5년 뒤 또는 10년 뒤에 목표 달성에 필요한 스킬을 명확화하는 단계이다. 크게 3가지 범주로 스킬을 도출할 수 있는데 조직 차원과 부서 차원 그리고 개인 차원이다. 조직 차원의 스킬은 조직이 비즈니스 우위를 점하기 위한 새로운 스킬을 발굴해 내는 것이다. 예를 들어, 디지털 경영이나 데이터 비즈니스 관련 스킬들을 도출해 낼 수 있다. 부서 차원의 스킬은 팀으로서 성과를 내기 위한 새로운 스킬을 의미한다. 비대면 커뮤니케이션이나 디지털 협업 등의 스킬이 이에 해당한다. 개인 차원의 스킬은 미래 개인의 역할과 목표를 수행할 수 있는 새로운 스킬을 의미한다. AI 툴 활용, 메타버스 툴 활용 등의 스킬이 이에 해당한다.

2단계: 스킬 데이터베이스Skills Database의 구축

미래 스킬을 명확히 했다면, 스킬 목록을 발굴하는 단계를 거치게 된다. 이 단계에서는 미래 스킬을 포함하여 업무를 수행하는 기본 스킬까지 다양한 스킬들의 데이터베이스를 구축한다. 조직 변화에 따른 스킬, 기존 시스템(교육 관리 시스템 또는 인사관리 시스템)에서 관리하고 있는 스킬, 구성원 서베이나 인터뷰를 통해 도출된 스킬을 통합하는 과정이다. 조직의 스킬 데이터베이스를 구축하여 이를 기반으로 업스킬링과 리스킬링에 활용하기 위해서다. 스킬 데이터베이스

스킬 퍼스트

는 조직이 필요한 스킬과 현재 스킬과의 갭을 파악하기 위해 기초가 되는 자료이기도 하다.

3단계: 업스킬링, 리스킬링을 위한 내부·외부 리소스의 확보

스킬 데이터베이스를 구축했다면 이제는 어떤 방식으로 각 스킬별 업스킬링 및 리스킬링을 실행할 것인지에 대한 다양한 방법들을 확보하는 단계가 필요하다. 일반적으로 업스킬링과 리스킬링에 필요한 방법은 교육 프로그램, 멘토링 및 코칭, 직업 체험, 잡 로테이션 (직무 순환), 내부 이동 제도, 학습 플랫폼, 프로젝트 참여, 컨퍼런스 및 세미나 참석 등으로 구성되는 데 이런 방법론에 대한 다양한 리소스를 내부 및 외부에서 찾아서 확보하는 단계이다.

4단계: 리더와 관리자들의 참여 확대

업스킬링, 리스킬링을 위해서는 리더와 관리자들의 참여가 필수적이다. 리더들은 업스킬링과 리스킬링을 위한 최고의 방법을 알고 있기 때문이다. 업스킬링과 리스킬링의 다양한 방법 외에 리더들의 코칭 스킬과 경력 컨설턴트로서의 역할을 할 수 있는 가이드와 교육을 제공하는 것이 중요하다. 리더들의 참여에 따른 보상의 설계는 리더들을 동기부여할 수 있기 때문에 반드시 고려하는 것이 좋다.

5단계: 측정 및 분석, 결과 공유

개발이 완료된 스킬을 트래킹하는 단계이다. 학습 목표의 완료율, 고성과자의 리텐션 비율, 리더십 툴의 구축 정도, 성과의 변화 정도, 학위 및 자격 취득 정도 등을 측정하고 결과를 공유하는 단계이다. 이런 데이터 측정과 분석 결과 공유를 통해 지금의 업스킬링과 리스킬링의 방법을 지속적으로 개선하고 발전시켜 선순환의 구조를 만들어 나가게 된다.

리스킬링의 경우 기업이 먼저 나서는 경우가 많다. 통신회사인 AT&T는 회사 비즈니스를 소프트웨어 및 무선 네트워크 사업으로 전환하면서 유선 통신 기반의 직원들이 설 자리가 없어지자 2013년부터 2016년까지 2억 5,000만 달러를 투자해 해당 직원들의 디지털 역량 개발을 지원했다. 또한 연간 3,000만 달러 이상을 등록금으로 지원하고, 14만 명에 달하는 직원들이 신규 직업 능력과 기술자격을 취득할 수 있도록 지원하고 있다. 일자리가 없어지거나 없어질 위기에 놓인 직원들을 위해 과감하게 리스킬링을 지원하고 있는 것이다.

아마존은 물류센터 자동화로 일자리를 위협받고 있는 직원들을 위해 2025년까지 직원 10만 명을 대상으로 디지털 기술훈련에 7억 달러를 투자한다. 인력 파견 전문기업 맨파워그룹은 프랑스 전역의 6만 명 이상을 대상으로 필요로 하는 스킬 조사를 실시해 그에 맞는 스킬을 학습할 수 있는 4개월간의 프로그램을 제공한다. 해당 프로그램 수료 후에는 'Bridge to Work'라는 매칭 프로그램을 통해 교육생들을

그림 27 HR의 새로운 역할(HR의 업스킬링)

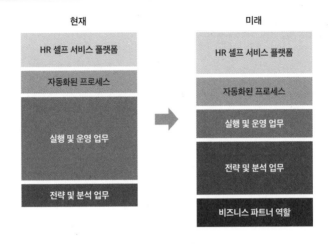

적절한 직무에 재배치하게 되는데 매칭률이 무려 90%를 자랑한다.

업스킬링과 리스킬링은 빠르게 변화하는 기업 환경 속에서 기업뿐만 아니라 소속된 구성원들에게도 필수 요소로 자리 잡고 있다. 디지털과 인공지능으로 인한 자동화가 없던 시절, 우리는 대학에서 배운 스킬을 토대로 평생 일할 수 있었다. 하지만 하루가 다르게 발전하는 디지털과 인공지능 시대에 기존 스킬과 지식을 고수하면 빠르게 도태될 수밖에 없다. 기업의 구성원들은 매일 변화하는 환경에 맞춰 새로운 스킬과 지식을 요구받고 있다. 이런 흐름은 일시적인 현상이 아니다. 앞으로 업스킬링과 리스킬링에 대한 요구는 계속해서 증가하게 될 가능성이 크기 때문이다.

Topic 2

인간만의 소프트 스킬

사람만이 할 수 있는 역량에 집중하기: 4C, 감성 역량 ───

세계적인 인공지능 학자이자 《인간은 필요없다》의 저자인 제리 카플란Jerry Kaplan은 "인공지능의 발전으로 현재 인류 직업의 90%는 로봇이 대체할 것이다"라고 전망했다. 그는 노동자들이 이러한 변화에 슬기롭게 대처하지 못할 것이고, 일자리를 빼앗기는 사람들이 늘어나면서 노동 시장의 불안정과 소득 양극화를 초래할 것이라고 강조했다.

글로벌 컨설팅 업체 맥킨지앤컴퍼니McKinsey & Company 역시 2017년에 발간한 보고서에서 2030년까지 자동화로 인해 8억 명에 달하는 노동자들이 실직할 것이라고 전망했다. 이는 전 세계 노동력의 5분의 1에 해당한다. 맥킨지는 46개국, 800개의 직업, 2,000개의 업무를 분석하여 이러한 결론을 도출했다.

많은 일자리가 인공지능 로봇으로 대체되고 있으며, 현재를 살아가는 우리들은 미래의 일자리에 대해 고민하기 시작했다. 산업혁명 이후 인류의 일자리는 기계로 대체되는 과정의 연속이었다. 1차 산업의 대표라고 할 수 있는 농업의 경우 사람의 인력이 트랙터와 같은 기계로 대체되었다. 우리나라의 경우에도 1960년 농업에 종사하는 생산인구가 전체 70%에 달했으나, 2017년 농가 인구는 전체 인구의 4.7%에 불과했다.

2차 산업인 제조업의 경우에도 사람의 일이 산업 로봇으로 대체되고 있다.《노동의 종말》의 저자인 미래학자 제레미 리프킨은 2025년에는 2000년대 초 제조업 노동력의 10%만 있어도 제조업 상품들을 생산하는 데 문제가 없을 것이라고 내다보았다. 실제로 스포츠용품 제조업체인 아디다스는 동남아시아, 중국 등에 있던 생산라인을 독일로 다시 가져와 산업용 로봇으로 생산하고 있다. 600명 이상이 필요한 공장을 산업용 로봇을 활용해 단 10명으로 운영하고 있다.

3차 산업인 서비스업도 서비스 로봇으로 빠르게 대체되고 있다. 앞에서 사례로 제시한 로봇 페퍼가 보여 준 바와 같이 서비스업 또한 로봇이 빠르게 대체하고 있다. 기업의 콜센터는 AI 챗봇과 음성봇으로 대체되고 있으며, 편의점도 무인 편의점으로 변화하고 있는 것을 보면 서비스 산업 역시 인간의 일을 기계가 급속도로 대체하고 있음을 알 수 있다.

최근 가장 주목받았던 산업인 지식산업 또한 이런 인류와 기계와의 일자리 경쟁에서 예외가 될 수 없다. 법률, 의료, 금융 등 지식인들의 영역이라고 불리는 업무 또한 AI 로봇으로 대체되고 있다. AI 엔진인 IBM 왓슨은 은행, 병원, 법무법인에 도입되어 그 효과를 입증하고 있으며, 사람들의 일을 지워 나가고 있다.

산업혁명 이후 산업구조와 고용 구조는 끊임없이 변화하고 있다. 이런 구조의 변화 속에 인류는 끊임없이 새로운 일을 창출해 나갔으며, 새로운 역량을 키워 나갔다. 그렇다면 우리는 앞으로 어떤 역량을 키워 나가야 할까? 우리의 일자리는 앞으로 AI 로봇과 경쟁해야 한다. 따라서 AI가 할 수 없는 역량을 키워 나가야 한다. AI가 잘하거나 앞으로 더 잘할 수 있는 역량의 일은 AI로 대체될 가능성이 크기 때문이다.

컴퓨터는 복잡한 문제를 풀거나 체스나 바둑같이 논리적인 측면은 상대적으로 쉬워하지만, 좁은 곳 통과하기 등 간단한 이동 능력에서는 3세 아이 수준으로 매우 어려워한다. AI와 로봇공학 연구자들은 기존에 가설을 세운 것과는 반대로 난이도가 높은 추론에는 컴퓨터의 연산 능력이 거의 필요 없는 반면, 낮은 수준의 지각과 운동 기능은 엄청난 컴퓨터의 연산 능력을 필요로 한다.

인지과학자 스티븐 핑커Steven Pinker는 35년 동안의 AI 연구가 주는 교훈은 어려운 문제는 쉽고, 쉬운 문제는 어렵다는 것이다. 이는 사람과 AI 로봇이 잘할 수 있는 분야가 분명히 다름을 보여 주고 있다.

이런 의미에서 AI 로봇과 함께 살아가야 하는 우리는 AI 로봇이 더 잘하는 분야에서 배우고 성장하기보다 사람이 잘할 수 있는 것에 배움을 집중해야 할 것이다. AI가 더 잘하는 분야의 직업이나 지식은 자동화될 가능성이 높아서 배움의 유용성이 길지 않기 때문이다.

그렇다면 사람이 AI 로봇보다 잘할 수 있는 분야는 어떤 것이 있을까?

첫째, 창의력 Creativity

미국 경제학자이자 사회학자인 리처드 플로리다^{Richard Florida} 교수는 21세기에 일어날 사회 변화를 예측하면서 21세기에는 빈곤층, 중산층, 상류층 그리고 그 위에 창조층이라고 새로운 계층이 떠오를 것이라고 주장했다. 4차 산업혁명이라는 새로운 시대를 이끌어 가는 계층은 창의력을 바탕으로 한 창조층이라 말하고 있다.

미래학자 다니엘 핑크^{Daniel H. Pink}는 자신의 책《새로운 미래가 온다》에서 다음과 같이 설명했다. 지난 몇십 년은 특정한 생각을 가진 특정 부류의 사람들의 것이었다. 코드를 짜는 프로그래머, 계약서를 만들어 낼 수 있는 변호사, 숫자들을 다룰 줄 아는 MBA 졸업생처럼 말이다. 하지만 왕좌의 열쇠는 이제 교체되고 있다. 미래는 아주 다른 생각을 가진 다른 종류의 사람들이 될 것이다. 창조하고 공감할 수 있는 사람, 패턴을 인식하고 의미를 만들어 내는 사람들, 예술가, 발명가, 디자이너, 스토리텔러 같은 사람들, 남을 돌보는 사람, 통합하는 사람, 큰 그림을 생각하는 사람들이 사회에서 최고의 부를 보상받을 것이고 기쁨을 누릴 것이다. 그의 말처럼 창의력이 더욱더 중요한 시대가 다가오고 있다.

창의력을 발휘하기 위해서는 우선 호기심과 호기심을 바탕으로한 문제 설정 능력이 매우 중요하다. 교육 컨설턴트가 쓴《내 아이의 미래력》에는 별자리와 구글 지도로만 고대 마야 도시를 찾아낸 소년의 이야기가 나온다. 캐나다 퀘백에 사는 15세 소년 윌리엄 가두리는 2012년 우연히 마야 문명에 빠져들어 꾸준히 공부했다. 윌리엄은 왜 마야 도시는 강이 아닌 산속 깊은 곳에 건설되었을까 하는 호기심을 갖게 되었다. 이에 나름의 연구를 하던 윌리엄은 지금까지 발견된 117개의 마야 도시와 별자리가 밀접한 상관관계가 있음을 알게 되었고, 캐나다 우주국 소속의 과학자들을 만나 자신의 이론을 설명했다.

윌리엄의 이론을 검증하고자 미국 우주항공국 나사의 도움을 받아 소년이 지목한 지역의 상세 위성사진과 관련 자료를 제공받았다. 분석 결과는 충격적이었다. 윌리엄이 지목한 정글 숲에서 86m 높이의 피라미드를 비롯하여 30개의 건축물 흔적이 발견된 것이다. 역대 발견된 마야 도시 중 다섯 번째로 큰 건축물이었다. 마야 문명에 대한 호기심과 찾고자 하는 문제 설정 능력이 새로운 발견을 만들어 낸 것이다.

AI 로봇이 하지 못하는 이런 창의력이 요구되는 역량은 앞으로 더욱더 중요해질 것이다. 최근에는 창의력이 필요한 새로운 직업 또한 점차 늘어나고 있다. 웹툰 작가, 유튜버는 이미 미래의 직업으로 떠오른 지 오래고, 새로운 영역의 새로운 시도를 추구하는 직업들이 꾸준히 생겨나고 있다.

둘째, 협업Collaboration 역량

체스 게임에서 가리 카스파로프Garry Kasparov가 AI 엔진인 딥블루에 패한 뒤 10년 가까운 세월이 흘러 새로운 형태의 체스 대회가 열렸다. 인간이든 컴퓨터든 누구든 참여할 수 있는 프리스타일의 대회였다. 그런데 이 대회의 우승자는 더 발전된 슈퍼컴퓨터도 프로 체스 선수도 아니었다. 가장 뛰어난 성적을 거둔 챔피언은 평범한 노트북 3대를 활용한 2명의 아마추어 체스 선수였다. 아무리 뛰어난 AI 엔진이라도 인간과 인간, 인간과 컴퓨터와의 협업으로 이길 수 있다는 것을 잘 보여 주는 사례다.

SARS 프로젝트는 2003년 6명의 고등학생(말레이시아, 싱가포르, 네덜란드 2명, 이집트, 미국 필라델피아)이 인터넷상에서 소통하며 만들어 낸 사례다. 당시 이슈였던 중증급성호흡기증후군SARS이라는 전염병에 대한 웹사이트를 만든 일이었다.

이 팀은 온라인상의 소통으로만 디자인, 사이트 구성, 내용 구성 등 모든 일을 협력하며 만들어 냈다. 시차가 다르고, 지리적 여건도 달랐지만 인터넷만으로 충분히 협업 프로젝트를 만들어 낼 수 있었다. 협업은 인간만이 할 수 있는 역량이다. 기계는 1+1=2가 되지만 인간의 협업은 1+1=10 이상으로도 만들어 낼 수 있는 역량을 가지고 있다.

셋째, 종합적 사고력Critical Thinking

4차 산업혁명 시대에는 지식을 두루 아우르는 통합적 인재를 필요로 한다. 과거에는 지식과 기술로 능력을 평가했다면 지금은 창조적 사고력을 중시하며, 창조적 사고는 어느 한쪽만의 시각으로 보는 것이 아니라 다방면의 시각에서 출발한다. 여기서 종합적 사고력을 갖춘 인재는 이것저것 조금씩 잘하는 제너럴리스트가 아니라, 자신이 잘하는 한 가지 전문 분야에 충분한 소양을 갖추면서 다양한 지식을 두루 겸비한 사람을 의미한다.

전문 분야를 다양화하고 종합적으로 사고하는 것은 다른 시각에서 사물을 바라보면서 융합적이고 창조적으로 이루고자 하는 바를 얻기 위함이다. 엄지손가락을 제외한 네 손가락으로 물건을 잡으려고 하면 잘 잡히지 않는다. 엄지와 나머지 네 손가락이 결합했을 때 우리는 물건을 잘 잡을 수 있다. 우리가 물건을 쉽게 잡을 수 있는 것은 엄지손가락이 받쳐 주기 때문이다. 즉 다른 시각 또는 다른 방면에서 전문 분야를 키워 나갈 때 이들이 결합해 우리가 이루고자 하는 것을 성취할 수 있을 것이다.

전문 분야를 다양화하는 또 한 가지 이유는 세상이 빠르게 바뀌고 있다는 것이다. 과거 우리가 공부한 전공 분야는 어느 날부터 더 이상 필요 없어질 가능성이 크다. 그 전공 분야가 존재한다고 하더라도 새로운 지식의 전혀 다른 새로운 학문으로 발전하고 있을 가능성 또한 가지고 있다. 이런 이유로 전문 분야를 다양화하여 배움을 게을리하지 않고 지속적으로 자신만의 무기를 가꿀 필요가 있다.

종합적 사고력을 갖춘 인재를 육성하기 위해서는 구성원들이 다양한 학문을 접할 수 있도록 하는 것이 필요하다. 인문학이나 예술, 과학 등 경제·경영과 관련 없는 분야에서도 구성원들이 쉽게 콘텐츠를 접할 수 있는 환경을 제공해야 한다.

스티브 잡스의 말처럼 창의성이란 새로운 것을 만들어 내는 것이 아니라, 기존에 있는 것을 연결하는 것이다. 다양한 연결을 통해 새로운 창조를 만들어 내려면 기업 구성원들이 다양한 지식에 노출될 수 있도록 해 주는 것이 필요하다. 이와 더불어, 업무 성격이 다른 그룹을 서로 묶어 주는 활동 또한 종합적 사고력의 인재를 구축하는 데 좋은 방법이다.

넷째, 커뮤니케이션Communication 역량

마타라조라는 학자는 맞장구와 관련된 실험을 하면서, 면접 시험이라는 설정 아래 면접관과 수험자가 45분간 서로 마주하여 대화를 나누게 했다. 여기서 면접관은 ① 처음 15분 동안에는 평범한 면접을 보고, ② 다음 15분 동안은 수험자 앞에서 면접관이 자주 수긍해 주고, ③ 마지막 15분 동안은 수험자와 대화하되 전혀 수긍하는 자세를 보이지 않는 방법을 통해 수험자의 변화를 지켜보았다. 이 실험 결과 ②의 경우가 ①과 ③에 비해 수험자가 48~67% 정도 많은 말을 하는 것으로 나타났다.

대화 도중에 적절한 맞장구나 수긍의 표현은 상대방이 더 잘 표현할 수 있도록 해 준다. 이러한 맞장구의 방법은 고개를 끄덕인다든지, 다시 한번 단어를 반복한다든지, 모르는 부분에 대해 질문하는 등의 방법으로 상대방에게 매우 훌륭한 격려가 될 수 있다.

공감하며 대화하는 부분, 그리고 커뮤니케이션 중에 숨겨진 의미를 파악하는 것은 인간만이 할 수 있는 역량이다. 커뮤니케이션 역량은 디지털 정보의 홍수 시대에 더욱 중요한 역량으로 강조되고 있다. 많은 정보 속에서 꼭 필요한 정보를 공유하고 나누는 것이 바로 커뮤니케이션이기 때문이다.

다섯째, 감성 역량

컴퓨터가 가지지 못한 것의 대표적인 것이 바로 감성이다. 슬픔, 기쁨, 사랑 등은 인간에게는 자연스럽지만, AI 로봇은 할 수 없는 분야다.

사회가 테크놀로지 기반으로 이동하면 할수록 인간으로서의 감성은 더욱 중요해질 것이다. 애견 관리사, 푸드스타일리스트 등 사람의 감성을 충족하기 위한 직업이 주목받고 있는 것은 이러한 연유다. 포옹만 해 주는 직업도 생기고 있다. 최근 호주 퀸즐랜드 골드코스트에

거주하는 제시카 오닐은 일정한 금액을 받고 포옹해 주는 일을 시작해, 지금은 이 일을 직업으로 하고 있다. 매주 그녀가 벌어들이는 수입은 우리나라 돈으로 120만 원 정도다.

타인과 공감하고 이해하며 함께 살아가는 능력은 지금도 중요하지만, 앞으로는 더욱더 중요해질 것이다. 감성 역량이 미래의 중요한 능력으로 주목받을 것이기 때문에 우리는 이런 능력 개발에 노력을 기울여야 한다.

AI 로봇이 대체할 수 없는 사람만의 역량을 4C와 감성 역량으로 소개했다. 풀어 말하면 창의력Creativity, 협업Collaboration, 종합적 사고력Critical Thinking, 커뮤니케이션Communication의 앞 글자를 딴 4C 역량과 감성Empathy 역량이다.

이러한 스킬과 역량은 AI 로봇이 발전하면 할수록 더욱더 중요해질 것이다. 앞으로는 이런 능력의 개발에 더욱 집중해야 한다. 이 부분은 AI와 로봇으로 대체되기 어렵기 때문이다.

디지털 리터러시 & AI 리터러시

디지털 리터러시 Digital literacy

산업화 시대가 되면서 책과 신문, 잡지 등의 매체가 보편화되고, 문서로 업무를 처리하기 시작하면서 읽고, 쓰는 문해력은 현대인들의 중요한 능력이 되었다. 즉 말하고 듣는 능력뿐만 아니라 읽고, 쓰는 능력이 사회생활을 영위함에 있어서 중요한 요소로 자리매김했다. 이런 이유로 국어와 영어는 필수 과목이 되었고, 공장이나 사무실에서는 여기에 더해 계산하는 능력까지 필요하기에 국어, 영어, 수학은 필수 과목으로 자리 잡았다.

4차 산업혁명 시대에는 이런 역량에 더하여 새로운 능력을 필요로 한다. 바로 디지털 리터러시(디지털 문해력)다. 포기를 몰라 성공한 소년 잭 안드라카의 사례가 이를 잘 보여 주고 있다.

13세 때 가족처럼 지내던 아저씨가 췌장암으로 세상을 떠나게 되자 이 소년은 췌장암에 관심을 가지게 된다. 인터넷으로 조사하던 중 췌장암은 85% 이상이 말기에 발견되고, 생존 확률은 2%밖에 되지 않음을 알게 된다. 또한 췌장암 진단 키트가 우리나라 돈으로 80만 원 정도로 비싸고 성공 확률도 30%이며, 진단 시간이 14시간이나 소요됨을 알게 되었다.

잭 안드라카는 이런 부분을 획기적으로 개선할 진단 키트를 만들기로 결심한다. 인터넷을 통해 꾸준히 질문을 던지며 답을 구해 나갔으며, 4,000번의 실패에도 좌절하지 않았던 그는 불과 16세의 나이에 혁신적인 췌장암 진단 키트를 발명하게 된다. 그가 이룬 업적은 80만 원이었던 비용을 30원으로, 14시간이 소요되었던 진단 시간을 5분 만에, 30%의 성공 확률을 90%까지 끌어올리는 획기적인 췌장암 진단 키트를 만들어 낸 것이다. 그는 다음과 같이 말했다.

"이 나이에 이걸 어떻게 했냐고요? 그동안 제가 배운 최고의 교훈은 바로 인터넷에 모든 것이 있다는 것이었죠. 개발에 필요한 논문들은 인터넷에서 쉽게 구할 수 있었어요. 또 대부분의 아이디어 역시 인터넷에서 습득했습니다. 인터넷을 심심풀이로 이용하지만 말고 세상을 바꿀 수 있는 도구라고 생각해 보세요. 인터넷에 정보는 얼마든지 있어요. 뭔가를 만들어 내겠다는 생각만 있으면 할 수 있는 일이 얼마든지 있다고 생각합니다."

잭 안드라카의 발명 과정은 대부분이 인터넷으로 이루어졌다. 인터넷에서 논문을 찾고, 이메일로 전문가에게 도움을 요청하고, 온라인 커뮤니티에 들어가 새로운 정보를 찾아내는 등 디지털 기술을 활용하는 역량을 바탕으로 성과를 이뤄냈다. 잭 안드라카가 췌장암 진단 키트를 발견하는 데 활용한 역량을 디지털 리터러시라고 한다. 디지털 리터러시에 대해 코넬 대학에서는 다음과 같이 정의를 내렸다.

"정보기술과 인터넷을 활용해 콘텐츠를 찾아내고, 평가하고, 공유하고, 창조하는 능력(the ability to find, evaluate, utilize, share, and create content using information technologies and the Internet)"

인터넷과 디지털 기술 기반으로 엄청난 정보를 일반인들이 접할 수 있는 시대가 되었다. 과거 고급 논문 자료를 보려면 그 대학에 입학하거나, 그 대학에 다니는 친구에게 부탁해 어렵게 얻곤 했다. 하지만 디지털화와 인터넷의 영향으로 고급 논문 자료에 접근하기가 수월해졌으며, 이를 바로 다른 친구들과 공유해 함께 토론할 수 있게 되었다. 또한 다양한 아이디어들은 공유 문서를 통해 함께 창조해 나갈 수 있다.

디지털 리터러시는 디지털 시대를 살아가는 데 필수적인 능력이다. 이 능력을 가진 사람은 그렇지 못한 사람보다 수백에서 수천 배의 정보력과 업무 처리 속도를 보여 줄 수 있다. 그렇다면 이 능력을 키우기 위해서는 어떻게 해야 할까? 여기서는 3가지 정도를 함께 살펴보고자 한다.

첫째, 디지털 기기와 서비스에 친숙해지는 것이 중요하다

스마트폰, 노트북, 태블릿 등 디지털 기기와 각종 애플리케이션 서비스 및 웹사이트에 익숙해질 수 있도록 직접 활용해 보는 경험이 매우 중요하다. 디지털 리터러시를 함양하는 가장 쉬운 방법이며, 지속적인 노력을 통해 디지털 환경에 친숙해지는 것이 중요하다.

둘째, 질문 능력을 키워야 한다

디지털 콘텐츠 소비의 경우 대부분 검색을 통해 이루어지며, 검색은 질문을 통해 이루어진다. 특정 분야에 호기심을 가지고 질문을 하는 것이 습관이 될 때 디지털 리터러시 능력은 향상된다.

잭 안드라카의 췌장암 진단 키트에 대한 질문은 더 큰 발전으로 이끄는 원동력이 되었다. 어떤 현상이나 사물을 보고 새로운 시각에서 질문하는 능력은 더욱 중요해질 것이다. 과거 정보의 접근이 쉽지 않았던 사회에서는 정보를 외우는 능력이 중요했다. 하지만 지금과 같이 인터넷에 모든 정보가 있는 시대에는 질문을 잘 던지는 것이 외우는 것보다 훨씬 중요하다. 질문 능력은 디지털 리터러시뿐만 아니라 지속적인 학습과 성장에도 중요한 역할을 한다.

셋째, 글로벌하게 접근하면 더 큰 성과를 창출할 수 있다

콘텐츠를 찾아내고 공유하는 활동을 국내로 제한할 경우 일정 수준을 넘어서기 어려워진다. 글로벌 사이트까지 함께 찾아보고, 해외에 있는 사람들과 관심 주제에 대해 함께 얘기할 수 있다면 성과를 더 크게 만들어 갈 수 있을 것이다.

인터넷의 발달과 SNS의 대중화는 다국적 사람들과의 협업을 쉽게 만들었다. 전염병, 기후 변화, 기아 문제 등 글로벌 사회 전반의 문제를 국적이 다른 사람들이 모여 디지털 세상에서 함께 고민하고 연구하고 해결해 나가려는 시도들이 많아지고 있다. 이를 통해 다양한 배경과 지식을 가진 사람들과 함께 집단지성을 활용해 새로운 해결책을 만들어 갈 수 있다. 글로벌적인 접근은 보다 다양한 사람이 참여해 더 큰 성과를 만들 수 있으며, 더 많은 사람에게 영향력을 미칠 수 있다. 디지털 리터러시 역량을 넓히기 위해서는 국내에서 출발해 글로벌로 확장해 나가는 것이 좋다.

디지털 세상에서 콘텐츠를 찾아내고, 평가하고, 공유하고, 창조하는 과정을 스스로가 습관화하는 디지털 리터러시는 미래 시대의 필수 능력이 되어 가고 있다.

AI 리터러시

AI 시대에서 디지털 리터러시만큼 중요한 것이 바로 AI 리터러시 AI Literacy다. AI 리터러시란 AI의 기본 개념과 작동 원리를 이해하고, AI 도구를 효과적이고 윤리적으로 사용할 수 있는 능력을 의미한다. AI 리터러시는 단순히 AI 기술을 사용하는 것뿐만 아니라, AI가 사회·경제·윤리적 측면에서 어떤 영향을 미치는지를 이해하는 부분까지 포함하는 개념이다.

생성형 AI의 등장에 기업들은 구성원들의 생산성 향상에 주목하고 있다. 생성형 AI는 기업의 생산성에 상당히 긍정적 효과를 미치고 있으며, 이를 적극적으로 도입하는 기업들이 증가하고 있다. 생성형 AI와 생산성에 관련된 많은 연구가 발표되었는데 이 중 몇 가지만 소개하고자 한다.

미국의 경제연구원NBER에서는 생성형 AI가 생산성에 미치는 영향에 대한 연구를 진행했다. 5,179명의 고객 지원 상담원을 대상으로 두 두류로 나누고 한 그룹은 생성형 AI를 사용하지 않고, 다른 한 부류는 생성형 AI 기반의 상담 도우미 시스템을 활용하게 했다. 이 두 그룹의 문제해결률, 시간당 채팅 수, 평균 처리 시간이라는 생산성 지표를 비교해 보았는데 전 분야에 걸쳐 생성형 AI를 활용한 그룹의 결과치가 높았다. 평균 14% 정도의 생산성 향상 결과가 있었다고 발표했다.

그림 28 생성형 AI 관련 생산성 향상에 대한 연구

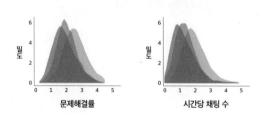
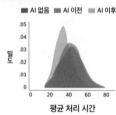

- 5,179명의 고객지원 상담원 대상 연구(NBER)
- 생성형 AI 기반 상담 도우미 시스템 활용
- 생성형 AI의 도입은 생산성을 평균 14% 향상시킴
  → 다만 숙련된 작업자에게는 최소한의 영향을 미침

출처 ATD 24: Emerging Corporate Learning Trends With the Development of Generative AI - Dongshuo Li -

MIT에서 경제학 전공 박사들의 실험은 400여 명의 대졸 대상자를 두 그룹으로 나누어서 한 그룹은 챗GPT를 활용하게 했으며, 다른 그룹은 활용하지 못하게 했다. 그리고 이들에게 이메일 및 보고서를 만들게 했다.

결과는 챗GPT를 사용한 그룹은 이메일 및 보고서 작성을 수행하는 시간이 30분에서 17분으로 거의 절반가량의 시간이 절감되었으며, 문서의 품질도 7점 만점에 4.7점으로 챗GPT를 사용하지 않은 그룹보다 0.7 정도 더 높았다. 문서 작성의 시간 및 품질 면에서 생산성을 향상할 수 있음을 보여 주고 있다.

그림 29 **BCG 구성원 대상 챗GPT 활용 생산성 비교(하버드 비즈니스 스쿨 공동 연구)**

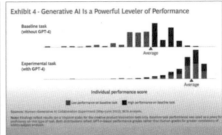

• 12% 업무량의 증가	• 챗GPT를 활용했을 때의 성과자 분포
• 25% 업무를 더 빠르게 처리	• 경험적 업무에서 챗GPT를 활용했을 때 상향 평준화
• 업무 품질의 40% 상승	효과를 보이고 있음
• GPT만 활용했을 때보다 GPT와 요약	• 특히, 저성과자들의 기초적 업무 성과를 높이는 데 효과를
물을 함께 활용할 때 더 성과가 좋음	보임

출처 ATD 24: Emerging Corporate Learning Trends With the Development of Generative AI - Dongshuo Li -

세계적인 컨설팅 회사인 BCG와 하버드 비즈니스 스쿨 또한 생성형 AI가 생산성에 미치는 영향을 연구했다. BCG 컨설턴트를 대상으로 챗GPT를 활용했을 때와 그렇지 않았을 때의 생산성의 차이를 비교했다. 결과는 챗GPT를 사용한 그룹 업무량이 12% 증가했고, 25% 업무를 더 빠르게 처리했으며 업무 품질도 40% 상승했다.

이 연구에서는 챗GPT를 활용했을 때의 성과자 분포 또한 보여 주고 있는데 챗GPT를 사용했을 때의 편차가 그렇지 않을 때의 편차보다 줄어드는 모습을 보인다. 즉 챗GPT를 활용했을 때 성과의 상향 평준화 효과를 보이고 있다. 특히, 기초적 업무의 저성과자들의 성과를 높이는 데 큰 효과를 보인다고 발표하고 있다.

그림 30 생성형 AI 및 트레이닝이 프리랜서에 미치는 영향에 대한 실험

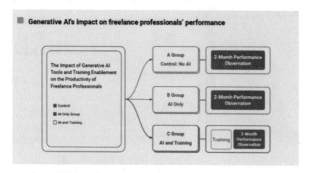

A그룹: 생성형 AI를 사용하지 않는 그룹
B그룹: 생성형 AI만을 사용하는 그룹
C그룹: 훈련을 받은 후 생성형 AI를 활용한 그룹
*2개월 정도 일하는 양과 소득을 관찰

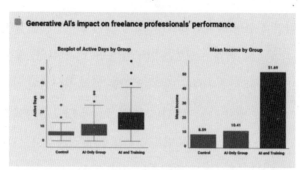

• 생성형 AI만을 사용하는 그룹보다 훈련을 받은 후 활용한 그룹의 활동 시간이 높았음
• 생성혐 AI만을 사용하는 그룹보다 훈련을 받은 후 활용하는 그룹의 소득 수준이 월등히 높았음

생성형 AI를 활용하더라도 적절한 훈련의 중요성을 의미

출처 ATD 24: Emerging Corporate Learning Trends With the Development of Generative AI - Dongshuo Li -

ATD 24 컨퍼런스 세션 중 〈생성형 AI의 발전으로 떠오르는 기업 학습 트렌드Emerging Corporate Learning Trends With the Development of Generative AI〉 세션에서는 또 다른 사례를 소개하고 있다. 프리랜서를 연결해 주는 플랫폼 사이트에서 A, B, C 그룹으로 프리랜서를 구분하여 생성형 AI 의 활용과 생산성에 관한 연구를 진행한 사례이다. A 그룹은 생성형 AI를 활용하지 않는 그룹이고, B 그룹은 생성형 AI를 활용하는 그룹 이다. 마지막으로 C 그룹은 사전에 훈련을 받고 생성형 AI를 활용하 게 했다. 연구는 2개월 정도 성과와 생산성에 대해 조사하는 방식이 었다.

결과는 다른 연구들과 마찬가지로 생성형 AI를 활용하는 B 그룹이 그렇지 않은 A 그룹에 비해서 활용 측면이나 소득 수준에 있어서 더 높은 결과를 나타냈다. 그리고 사전에 훈련받고 생성형 AI를 활용한 C 그룹의 경우 성과 측면에서 월등한 결과를 보여 주었다. 소득 수준 에서는 거의 5배 가까운 수치를 보이고 있다. 이는 AI를 활용하더라 도 AI를 활용하는 역량, 즉 AI 리터러시를 갖추는 것이 생산성 향상 에 매우 중요함을 보여 주는 대목이라고 할 수 있다.

AI 리터러시의 세부 스킬

AI 리터러시는 크게 AI의 개념 이해, AI 도구의 활용, AI 데이터의 이해력, AI 문제해결 능력, 그리고 AI 윤리의 5가지 세부 스킬로 나눌 수 있다.

- **AI 개념 이해:** AI, 머신러닝Machine Learning, 딥러닝Deep Learning, 자연어 처리Natural Language Processing, NLP 등의 주요 기술 개념을 이해하는 능력을 의미한다. 즉 AI가 어떻게 데이터를 학습하고, 예측하고 분류하는지 이해하는 것을 의미한다.

- **AI 도구 활용:** AI 기반 소프트웨어나 플랫폼을 효과적으로 사용하는 능력이다. 예를 들어 AI 분석 도구, 예측 모델, 챗봇 등 다양한 AI 솔루션을 활용할 수 있는 것을 의미한다.

- **AI 데이터 이해력:** AI가 사용하는 데이터의 종류, 품질 등을 이해하고, 데이터를 적절하게 관리하고 이해하는 것을 말한다. 미국의 소설가 마크 트웨인Mark Twain은 출판사로부터 전보를 받았다. "2일 내에 2페이지짜리 단편이 필요합니다." 마크 트웨인은 다음과 같이 회신을 보냈다. "2일 내에 2페이지짜리는 불가합니다. 2일 내 30페이지짜리는 가능합니다. 2페이지짜리가 꼭 필요하다면 30일

이 필요합니다." 데이터나 콘텐츠가 많은 것보다 이를 요약하고 의미 있는 가치를 도출하는 것이 더욱 어려운 법이다. AI 데이터 이해력도 마찬가지로 데이터의 양을 많이 다루는 것이 아니라, 그 속에 담긴 의미를 해석하고 요약해 내는 일이 매우 중요함을 의미한다.

- **AI 문제해결 능력:** AI 기술을 사용해 실질적인 문제를 해결하는 능력으로 예측 분석, 최적화, 자동화 등을 통해 문제를 분석하고 최적의 해결책을 제시하는 것을 말한다. 패션 산업에서 경쟁사의 신제품 시장 실패율이 17~20% 정도인데, 1% 미만의 시장 실패율을 보이는 곳이 있다. 바로 스페인의 패션 브랜드인 자라ZARA의 이야기다. 자라는 전 세계 매장에서 취합된 일일 판매 정보를 실시간으로 확인하고 상품 수요를 예측해서 다품종 소량 생산 체제를 통해 트렌드에 맞는 제품을 빠르게 내놓고 있는 기업이다. 재고가 매우 중요한 패션 기업에서 이런 AI 기반 데이터의 활용은 글로벌 경쟁력의 원천이 되고 있다. 자라는 재고를 최소화하고, 트렌드에 맞게 빠르게 제품을 출시하는 성과를 데이터와 AI를 활용해 창출해 내고 있는 것이다.

- **AI 윤리:** AI 기술 사용에 따른 윤리적 문제를 말한다. 예를 들어 프라이버시, 편향성, 투명성 등의 문제를 인식하고 대응하는 능력을 의미한다.

디지털 리터러시와 AI 리터러시는 AI 시대, 그리고 디지털 시대를 살아가는 데 반드시 필요한 능력이다. 디지털과 AI 기술은 이제 우리의 일터와 일상생활 곳곳에 스며들어 있다. 디지털 리터러시와 AI 리터러시는 더 이상 선택이 아닌 필수적인 능력이 되었으며, 단순히 기술을 다루는 능력을 넘어 정보를 비판적으로 분석하고, 문제를 해결하며, 창의적으로 사고하는 능력까지 범위를 넓혀 개발하려는 노력이 필요하다.

스킬 퍼스트

SKILLS FIRST

Module
6

스킬의
인증과 평가 및
통합 육성

Topic 1

스킬의 인증: 디지털 배지

왜 디지털 배지인가? ──────────────

2023년 5월부터 EBS 다큐멘터리 K에서는 〈대학 혁신〉이라는 주제를 바탕으로 5부작 시리즈를 방영했다. 그리고 시리즈 중 4부에서는 국내 유수의 IT 서비스 업체의 인사담당자가 나와서 이렇게 말한다. "우리가 사람을 볼 때 가장 먼저 보는 것은 직무 능력입니다." 그리고 학위에 대해서는 이렇게 얘기한다. "학위는 보긴 봅니다. 하지만 참고 사항 정도로 봅니다." 이 기업은 면접에서 학위는 단순히 참고 사항일 뿐이다. 그리고 직무 경험과 직무 능력을 우선시하며 이는 심층 면접을 통해 확인한다.

그동안 학위와 자격은 개인의 능력을 검증하는 좋은 수단이었다. 그리고 디지털이 발달하지 않은 사회에서는 학위와 자격은 그 사람의 능력을 판단할 수 있는 몇 안 되는 수단이기도 했다.

하지만 디지털화로 인해 정보가 투명해지고 개방적이 되면서 개개인의 능력 또한 다양한 방법으로 확인할 수 있게 되었고, 개인들도 SNS나 유튜브로 자신의 능력을 보여 줄 수 있게 되었다. 회사에서의 업무 경험들이 디지털로 기록되고 다양한 커뮤니티 활동들이 SNS에 기록된다. 또한 직무 및 역할의 흔적은 사내 업무 시스템에 그대로 기록된다. 이런 개개인의 능력을 살펴볼 수 있는 다양한 기록들이 공개되고 활용되면서 학위와 자격의 중요성은 점차 줄어들고 있는 것이 사실이다.

사람들의 능력에 대한 세부적인 정보에 대한 접근이 어려웠을 때는 학위나 자격이라는 과거의 성취를 기반으로 사람의 능력을 추측했지만, 지금과 같이 디지털 기록을 추적할 수 있는 시점에서는 과거의 정보가 아니라 현재의 능력으로 판단할 수 있다.

지식과 기술이 빠르게 변화하는 사회에서는 대학에서 무엇을 공부했느냐보다는 현재 어떤 스킬과 능력을 가지고 있느냐가 더욱 중요하다. 새로운 지식과 기술이 쏟아지는 시점에서 기업들은 대학이라는 타이틀보다 실질적인 능력을 검증할 수 있는 표준의 필요성이 대두되었다. 그리고 이런 능력을 인증할 수 있는 새로운 방식으로 스킬을 인증하는 디지털 배지가 부상하고 있다.

디지털 배지는 사용성과 편의성 측면에서도 그 효과를 발휘한다. 오프라인 중심의 시대에서 우리는 학위나 자격증을 집 안에 전시해

그림 30 스킬을 인증하는 디지털 배지

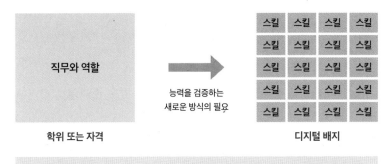

직무와 역할

능력을 검증하는
새로운 방식의 필요

스킬 스킬 스킬 스킬
스킬 스킬 스킬 스킬
스킬 스킬 스킬 스킬
스킬 스킬 스킬 스킬
스킬 스킬 스킬 스킬

학위 또는 자격

디지털 배지

디지털 배지

• 디지털을 활용한 방대한 양의 스킬 관리로 효율성 및 효과성 제고
• 학위 및 자격, 보유 스킬의 통합적 관리로 사용자 편의성 증대

두거나 보관함에 정리해 두는 것이 일반적이었다. 학위증과 자격증이 회사에서 필요하다고 하면 일일이 복사하거나 사본을 발급해 그것을 기관에 제출했다.

학위증이나 자격증이 디지털로 통합 관리된다면 어떨까? 집에 따로 보관할 필요도 없고, 필요할 때마다 일일이 발급하지 않아도 된다면 매우 편리할 것이다. 이런 관점에서 등장한 것이 바로 디지털 배지다. 나의 학습 이수 현황과 보유하고 있는 역량들의 메타 데이터를 디지털 배지로 통합 발급, 관리할 수 있도록 하여 사용자 편의성을 증대시켰다.

디지털 배지를 통해 개개인은 자신이 보유한 능력과 스킬을 통합 관리할 수 있고, 기업의 입장에서는 개개인의 능력뿐만 아니라 기업 전반에서 보유하고 있는 능력과 스킬을 효율적으로 관리할 수 있다. 이런 측면에서 기업과 개인들의 디지털 배지 활용은 지속적으로 증가하는 추세를 보이고 있다.

"디지털화의 통합성 및 편리성과 학위 및 자격의 대체재로 디지털 배지가 떠오르면서 지속적으로 성장 추세를 보이고 있다. 테크비오의 전망에 의하면 디지털 배지 시장은 2021~2025년까지 평균 시장 성장률이 17.6%에 이른다. 또한 2025년까지 시장 규모는 2억 달러에 이른다"라고 말하고 있다.

디지털 배지의 주요 특징 및 활용

그렇다면 디지털 배지의 특징은 무엇일까?

첫째, 디지털 배지는 디지털 인증서다

디지털 배지는 디지털 형식의 인증서다. 쉽게 온라인에서 공유할 수 있으며, SNS, 이메일 서명, 웹사이트 등에 게재하여 개인의 스킬과 역량을 홍보할 수 있다는 장점이 있다.

스킬 퍼스트

둘째, 디지털 배지에는 메타 데이터를 포함하고 있다

각 배지에는 해당 배지의 발급 기관, 배지 취득 기준, 인증 날짜 등 중요한 정보가 메타데이터로 포함되어 있다. 이를 통해 채용 담당자나 관련 담당자가 배지의 신뢰성을 확인할 수 있다.

셋째, 상호 운용성이다

디지털 배지는 국제 표준을 따르므로 여러 플랫폼에서 사용될 수 있다는 것이 특징이다. 예를 들어 크레들리Credly 등 배지 플랫폼에서 발급된 배지를 링크드인, 인스타그램, 개인 포트폴리오 등에 활용할 수 있다.

넷째, 스킬 또는 역량에 대한 인증에 활용된다

다양한 스킬과 역량에 대한 인증서로 활용할 수 있으며 이력서에 증빙 자료로 활용할 수 있다. 개인의 학습 경험, 기술, 성과 등을 디지털 형태로 인증하는 새로운 형태의 자격 증명인 것이다.

디지털 배지는 개인 측면에서 다양한 활용이 가능하다. 우선 취업 및 경력 개발에 활용된다. 구직 시 자신의 스킬을 증명할 수 있는 자료와 지속적인 학습의 인증 자료로 활용된다. 직장 내 교육, 워크숍, 온라인 학습 과정 등을 이수할 때, 배지를 통해 지속적인 학습과 성장을 인증할 수 있다. 이런 증명과 인증은 온라인 플랫폼에서 배지를 공유함으로써 자신의 능력을 널리 알리고, 다른 전문가들과의 네트워크 형성을 도모할 수 있다.

디지털 배지는 교육적 맥락에서도 다양하게 활용 가능하다. 학습 동기를 유발할 수 있다는 점은 교육적 측면에서 디지털 배지의 큰 장점이다. 디지털 배지를 통해 자신의 성과를 눈으로 확인하고, 이를 통해 학습 동기를 더욱 강하게 부여받을 수 있다. 또한 학습 성취에 대해 공개적으로 인정하고 축하해 주는 효과와 경쟁 요소를 자극하여 학습 동기를 자연스럽게 높여 주는 효과도 기대할 수 있다. 또한 디지털 배지는 학습자 간 협업을 장려하며, 배지를 통한 성과 인정은 학습자들의 참여를 촉진하는 역할을 한다. 그리고 디지털 배지를 통해 학습 경로를 보여 줄 수 있다는 점도 교육적으로 크게 활용되는 분야다. 학습자는 디지털 배지를 통해 자신의 학습 여정을 시각적으로 확인할 수 있으며, 이를 기반으로 다음 단계의 학습 목표를 설정할 수 있다.

디지털 배지와 스킬의 개발

업스킬링과 리스킬링이 개인과 조직에 매우 중요해지고 있다. 기업들은 어떻게 하면 구성원들에게 스킬 개발과 성장을 촉진할 수 있을지에 대해 고민하고 있는 것이 사실이다. 디지털 배지는 이런 고민을 해결해 줄 중요한 툴로 작용하고 있다.

IBM에서는 2015년부터 임직원들을 대상으로 디지털 배지를 발행했는데, 2020년까지 195개국 약 300만 개의 오픈배지를 발행했다. 2022년에는 27개 분야에서 3,000여 종류의 오픈배지를 발행 중이며, 오픈배지를 통해 다양한 학습 증대 효과를 누리고 있다. 우선, 학습 동기부여 강화인데, 오픈배지를 적용하고 난 후 학습자 수가 129% 상승했으며 학습 수료율 또한 226% 상향되었다. 또한 지속적 학습 동기 차원에서의 학습 참여율이 강화되었다. 배지 취득자의 87%는 앞으로 배지 기반 학습에 참여하겠다고 말하고 있다. 디지털 배지는 학습 동기부여의 차원과 학습 재참여율을 높여 디지털 학습의 약점인 학습 몰입 강화에 훌륭한 툴로 활용될 수 있음을 보여 주고 있다.

월마트는 Better U 프로그램을 통해 임직원의 학위 및 자격 취득을 지원하고 있다. 프로그램 내부에 다양한 학위 및 자격 프로그램들을 입점시키고, 이를 수료할 경우 디지털 배지를 발행해 준다. 이렇게 발행된 디지털 배지는 본인의 학습 페이지에서 일목요연하게 볼 수 있으며, 취득한 배지에 따른 향후 학습 경로를 맞춤형으로 제공하여 학습을 통해 지속적인 성장을 유도하고 있다.

딜로이트는 디지털 배지를 활용해 자사의 전문가들이 특정 기술을 습득하고 있다는 것을 인증하고 있다. 딜로이트는 디지털 배지 프로그램Deloitte's Digital Badge Program을 통해 사이버 보안, 데이터 분석, 컨설팅 등 다양한 기술 분야에서 배지를 발급하고 있다. 특히 빠르게 변화하는 기술 환경에서 직원들이 끊임없이 학습할 수 있도록 배지 제도를 운영한다. 이 배지들은 직원들이 링크드인 프로필이나 이메일 서명 등에 쉽게 추가할 수 있어, 개인의 스킬과 역량을 외부에 잘 드러낼 수 있도록 돕고 있다. 딜로이트는 배지를 통해 직원의 학습을 시각화하고 학습에 대한 동기를 부여하고 있다.

PwC는 직원들이 스킬과 역량을 강화하고, 이를 통해 회사 내부에서 성장 기회를 넓힐 수 있도록 디지털 배지 시스템을 도입했다. PwC는 디지털 러닝 배지PwC's Digital Learning Badge 프로그램을 통해 데이터 분석, 디지털 트랜스포메이션 등의 분야에서 학습한 내용을 배지로 인증할 수 있다. PwC는 배지를 통해 직원들의 학습을 촉진하고, 자사의 디지털 혁신을 가속화하고 있다.

라쿠텐은 일본의 대형 전자상거래 기업으로, 직원 교육과 외부 파트너 교육에 오픈배지 시스템을 도입하여 활용하고 있다. 라쿠텐은 러닝 배지 시스템Rakuten's Learning Badge System을 통해 내부 및 외부 파트너들에게 다양한 온라인 교육 프로그램을 제공하고, 교육의 성과로 배지를 발급하고 있다. 이를 통해 e-커머스, 클라우드 기술, 데이터 분석 등과 관련된 전문성을 인증받을 수 있다. 특히, 라쿠텐은 고객사나 파트너들도 이러한 배지 시스템을 이용할 수 있도록 하는 개방적인 방식으로 디지털 배지를 활용하고 있다.

디지털 배지의 향후 전망

　평생 학습의 시대다. 기업들은 구성원들에게 학습을 통한 성장을 독려하고 있다. 급변하는 시대에는 구성원들의 성장만이 기업의 성장을 담보할 수 있기 때문이다. 최근 기업 내 구성 비율이 급격하게 증가하고 있는 MZ세대도 기업들이 학습을 권장하는 요인이기도 하다. 베이비부머 세대의 경우 회사를 선택하는 첫 번째 기준이 급여인 반면, MZ세대의 최우선 기준은 개인의 발전과 성장이기 때문이다.

　따라서 학습을 장려하고 동기부여 하는 것은 개인과 기업 모두에게 중요하다고 할 수 있다. 학습을 권장하고 동기를 불러일으키는 역할을 하는 것이 바로 디지털 배지다. 배지는 개개인의 학습 경로를 안내해 주는 역할을 할 뿐만 아니라, 배지 획득이라는 보상을 시각화하여 학습 동기를 자극한다.

　미국의 HR 컨설팅 회사 브랜든 홀 그룹Brandon Hall Group의 2020년 조사에 의하면 "왜 최근의 교육이 학습자들의 니즈를 충족시키지 못하는가?"라는 질문에서 65%는 지금의 교육이 경력 개발과 직무/역할에 연결되지 않는다고 답변했다. 개인의 발전과 성장은 학습만으로 이루어지지 않는다. 학습과 경력이 자연스럽게 연결되는 환경을 만들어 가는 것이 필요하며, 이렇게 학습과 경력을 연결하는 중요한 역할을 하는 스킬을 어떻게 인증하고 통합 관리하는지가 중요해지고 있다. 이를 해결할 수 있는 훌륭한 도구가 바로 디지털 배지다.

또한 디지털 배지는 학습자들이 보유하고 있는 스킬들의 통합계좌라고 할 수 있다. 우리가 통합계좌를 통해 자산을 관리하듯 디지털 배지는 개개인의 보유 스킬의 통합계좌 역할을 해 나가게 될 것이다. 앞으로 보유 스킬(학위 및 자격 포함)들의 통합 관리는 채용, 교육, 배치 등에 다양하게 활용될 것이며, 학습자들에게 학습과 경력 개발에 대한 동기를 부여하는 주요한 툴로 그 저변을 확대할 것이다.

스킬을 평가하는 새로운 방법: 스텔스 어세스먼트

스텔스 어세스먼트의 개념과 특징

스텔스 어세스먼트^{Stealth Assessment}는 디지털 및 AI 기술을 활용하여 학습자가 학습 과정 중 무의식적으로 평가받는 새로운 평가 방식이다. 스텔스의 뜻은 '살며시, 몰래, 잠행'이란 사전적 의미를 반영한 개념이다. 자신이 평가받고 있는지 모르는 상태에서 학습 또는 평가 활동에 참여하게 되고, 그들의 행동, 선택 패턴, 문제해결 방식 등이 데이터를 통해 수집되어 분석된다. 전통적인 평가 방식과 달리 스텔스 어세스먼트는 학습자에게 별도의 평가 환경을 제공하지 않고 자연스러운 학습 환경에서 평가가 이루어지는 것이 특징이다. 스텔스 어세스먼트의 장점은 다음과 같다.

첫째, 스트레스를 주지 않는 평가이다

전통적인 시험이나 평가 방식에서 오는 긴장감을 줄이고, 학습자에게 부담을 주지 않으면서 능력을 측정할 수 있다. 학습자는 학습에 집중할 수 있으며, 평가라는 사실을 인지하지 못한 상태에서 자신의 실력을 발휘하게 된다.

둘째, 실질적인 역량 평가가 가능하다

스텔스 어세스먼트는 단순한 지식 확인을 넘어서 학습자의 사고력, 문제해결 능력, 창의성을 평가하는 데 중점을 둔다. 학습자가 문제를 어떻게 해결하는지, 어떤 과정을 통해 결론에 도달하는지 등 과정 평가가 가능하기 때문에 결과 평가뿐만 아니라 실질적인 역량 평가가 가능하다.

셋째, 지속적인 피드백 제공이 가능하다

실시간으로 수집된 데이터를 바탕으로 학습자에게 지속적인 피드백을 제공할 수 있다. 학습자는 자신의 학습 진행 상황을 인식하고, 부족한 부분을 보완할 수 있는 기회를 얻는다.

넷째, 데이터 기반의 개인화된 학습이 가능하다

스텔스 어세스먼트는 학습자의 학습 패턴과 성향을 분석하여 개인 맞춤형 학습 환경을 제공할 수 있다. 이를 통해 학습자는 자신의

그림 31 스텔스 어세스먼트의 평가 방식

무의식적 평가	자연스러운 학습 과정 중에 무의식적으로 다각도로 평가하기 때문에 평가의 정확도가 비교적 높음
실시간 피드백	학습자의 성과에 대해 실시간으로 피드백을 제공하여 학습 과정 중에 개선이 가능함
지속적 모니터링	학습자의 행동, 의사결정, 패턴, 참여도 등 학습 과정 전반에 걸쳐 지속적으로 학습 데이터를 수집하고 분석할 수 있음
개인 맞춤형 학습	데이터 기반으로 학습자의 개별 특성에 맞춰 맞춤형 학습 경로를 제공할 수 있음
데이터 기반 인사이트	방대한 학습 데이터를 분석하여 학습자의 강점과 약점을 파악하고 교육 프로그램을 개선하는 데 활용 가능

필요에 맞춘 학습 자료나 과제를 제공받게 되며, 학습 효율성을 극대화할 수 있다.

스텔스 어세스먼트는 주로 게임 기반 학습, 온라인 학습 플랫폼 등에서 활용된다. 예를 들어 학습자가 게임 내에서 문제를 해결할 때 어떤 경로를 선택했는지, 문제를 해결하는 데 소요된 시간은 어느 정도인지 등이 평가 지표로 활용된다. 이는 학습자의 문제해결 능력, 의사결정 방식 등을 평가하는 데 중요한 역할을 한다.

스텔스 어세스먼트는 기존 평가 방식의 한계를 보완하는 데 효과를 보이고 있다. 동일한 시간에 평가받는 방식의 경우 실질적인 역량

그림 32 학습자의 능력 개발을 위한 통합적인 프로세스

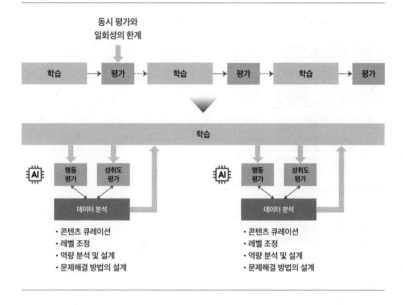

측정보다 시험을 잘 보는 요령, 기억력 등이 반영된다는 한계가 있다. 능력의 측정을 한 번 또는 몇 번의 시험을 통해 측정하기 때문에 지속적인 능력의 측정이 어려운 것 또한 사실이다. 그리고 평가로만 끝나거나, 평가를 위한 평가가 이루어지는 경우가 다반사다. 스텔스 어세스먼트는 이런 단점을 극복해서 상시 평가를 통해 실질적인 능력과 스킬을 측정한다는 장점이 있다. 또한 평가와 피드백 학습을 결합해 평가로만 그치는 것이 아니라, 학습자의 능력 개발을 위한 통합적인 프로세스를 만들 수 있다.

즉 스텔스 어세스먼트는 학습자가 인지하지 못하는 상태에서 자

스킬 퍼스트

연스럽게 진행되는 평가 방식을 의미한다. 이 방법은 게임 기반 학습이나 시뮬레이션, 인터랙티브(상호작용) 학습 환경에서 주로 활용되며, 학습자의 수행 능력, 문제해결 방식, 그리고 행동 패턴을 분석하는 방식으로 스킬을 평가한다.

스텔스 어세스먼트의 구성 요소

스텔스 어세스먼트는 크게 3가지 구성요소를 가진다.

1. 게임 기반 학습 환경

스텔스 어세스먼트는 주로 게임이나 시뮬레이션 기반의 학습 환경에서 이루어진다. 이러한 환경은 학습자가 문제를 해결하거나 도전 과제를 수행하는 방식에서 자연스럽게 데이터를 수집할 수 있도록 설계되는 것이 일반적이다.

2. 학습 분석 기술

스텔스 어세스먼트는 학습자의 행동을 실시간으로 모니터링하고 데이터를 수집, 분석하기 위해 학습 분석 기술을 활용한다. 이를 통해 학습자가 취한 행동, 선택한 옵션, 의사결정 과정 등을 기록하고, 분석하여 평가 자료로 활용한다.

그림 33 오위위 스텔스 어세스먼트 게임 기반 플랫폼

그림 출처: https://owiwi.co.uk/

3. 비정형 데이터 분석

학습 과정에서 수집된 데이터를 비정형 데이터로 분류하고, 이를 평가 지표로 변환한다. 이를 통해 학습자의 패턴을 파악하고, 학습 스타일, 사고방식 등을 진단하고 평가할 수 있다.

HR 채용/진단 전문기업 오위위^{OWIWI}는 스텔스 어세스먼트의 구성요소를 잘 활용하고 있는 기업이다. 인재 채용 과정에서 지원자의 역량을 더 효과적으로 평가하기 위해 스텔스 어세스먼트를 도입했다. 평가 방식은 게임 기반의 플랫폼에서 지원자가 게임을 하는 동안 행동 데이터를 수집하고 이를 바탕으로 역량과 스킬을 평가하는 방식이다. 수집된 데이터를 분석하여 지원자의 문제해결 능력, 창의성, 스트레스 관리 능력 등을 평가한다. 지원자의 다양한 데이터 분석 결과를 바탕으로 채용 의사 결정을 지원하고 맞춤형 온보딩 프로그램을 설계해 준다.

오위위는 스텔스 어세스먼트 게임 기반 플랫폼을 통해 온보딩 과정에서 적응 속도를 15% 상승시켰고, 적합한 인재 채용률을 20%나 상승시켰다. 또한 채용된 인재의 스킬/역량과 직무 요구사항 간의 일치도를 25% 향상시킨 성과를 보여 주었다.

스텔스 어세스먼트의 확장

마이크로소프트는 소프트웨어 개발자와 IT 전문가들의 문제해결 능력을 강화하기 위해 스텔스 어세스먼트를 도입했다. 이들은 애저 데브옵스Azure DevOps와 Power BI를 사용하여 학습자의 코드 리뷰 패턴, 버그 수정 기록 등을 분석하고 실시간으로 피드백을 제공한다. 이를 통해 업무 효율성이 25% 향상되었고, 코드 리뷰 참여율이 40% 증가했으며, 문제해결 능력 또한 30% 향상되었다고 발표했다.

IBM은 스킬 개발 프로그램에서 스텔스 어세스먼트를 활용하여 신입사원과 재교육이 필요한 직원들의 스킬을 평가하고 있다. 왓슨

애널리틱스^{Watson Analytics}를 활용해 학습자의 행동 데이터를 수집하고, 이를 분석해 맞춤형 학습 경로를 제공하는 것이 특징이다. 그 결과, 학습 모듈 완료율이 35% 증가했고, 훈련 프로그램 소요 시간이 20% 단축되었으며, 기술 시험 통과율이 40% 향상되었다.

딜로이트는 컨설턴트와 프로젝트 매니저들의 직무 성과를 평가하기 위해 스텔스 어세스먼트를 도입했다. 지라^{Jira}와 컨플루언스^{Confluence} 같은 협업 도구를 사용해 프로젝트 관리 및 문제해결 데이터를 수집하고, 실시간 피드백을 제공하여 프로젝트 성과를 30% 증가시켰다. 그리고 문제해결 시간은 평균 25% 단축되었다.

세계적인 회계 및 컨설팅 기업 KPMG는 게임 기반 학습과 시뮬레이션을 활용해 직원 교육과 평가에 스텔스 어세스먼트를 도입했다. 오딧 시뮬레이션^{Audit Simulation} 프로그램을 론칭하여 감사 업무를 수행하는 직원들을 위한 가상 현실^{VR} 및 시뮬레이션 기반 교육 시스템을 도입했다. 이 시스템에서 직원들은 가상의 클라이언트 환경에서 실제 감사 과정을 수행하게 되고 스텔스 어세스먼트를 통해 학습자의 문제해결 방식, 의사결정, 전략적 사고 등을 실시간으로 평가하고 피드백을 제공한다. KPMG는 이를 통해 감사 업무의 복잡성을 이해하고 문제해결 능력을 향상할 수 있는 더 효율적인 방법을 제공함으로써, 교육 효과와 실무 적응 능력을 크게 개선했다고 말했다.

시티그룹^{Citigroup}은 금융 서비스 산업에서의 복잡한 의사결정을 더 잘 훈련시키기 위해 스텔스 어세스먼트를 활용했다. 직원들의 금융 지식과 문제해결 능력을 향상시키기 위해 금융 시뮬레이션 기반 교육을 진행한다. 이 시뮬레이션은 다양한 금융 시나리오에서 의사결정을 내리도록 설계되어 있으며, 스텔스 어세스먼트를 통해 학습자가 문제를 해결하는 과정을 모니터링하여 역량을 평가한다. 학습자는 시뮬레이션에서 특정 행동을 할 때마다 평가가 이루어지지만, 평가받는다고 느끼지 않고 자연스럽게 자신의 능력을 발휘한다. 이를 통해 학습자들이 실제 금융 업무에서 필요한 전략적 사고와 문제해결 능력을 강화할 수 있었다. 그리고 평가 데이터는 직원들의 능력을 더 정교하게 분석하고, 맞춤형 피드백을 제공하는 데 유용하게 활용되었다고 한다.

지멘스Siemens는 산업 자동화 및 제조 분야에서 기술 훈련을 위해 스텔스 어세스먼트를 활용한 시뮬레이션 프로그램을 도입했다. 플랜트 시뮬레이션과 트레이닝Plant Simulation and Training 프로그램을 통해 구성원들이 복잡한 산업 기계와 공장 운영 시스템을 관리하고 최적화하는 능력을 배양할 수 있도록 가상 시뮬레이션 기반 교육을 학습한다. 학습자는 이 시뮬레이션에서 실제 공장 운영 시나리오를 바탕으로 문제를 해결하게 되며, 그들의 결정과 작업 방식에 대해 실시간으로 평가가 이루어진다. 스텔스 어세스먼트를 통해 실제 공장 운용에 필요한 기술을 사전에 훈련하고 평가하여, 생산성 향상과 문제해결 능력을 강화하는 데 효과를 보고 있다.

스킬의 통합 육성:
캐퍼빌리티 아카데미

캐퍼빌리티 아카데미란?

캐퍼빌리티 아카데미Capability Academy의 창시자 조쉬 버신은 능력 Capability을 "직원이 성공하기 위해 필요한 기술, 지식, 경험의 조합" 이라고 정의한다. 캐퍼빌리티 아카데미는 '콘텐츠 라이브러리'를 넘어선다. 구성원들이 직업과 관련된 실질적 능력을 발전시키기 위해 가는 곳이다 . LXPLearning Experience Platform 기반 콘텐츠 라이브러리와 달리 캐퍼빌리티 아카데미는 기업 리더의 후원을 받으며, 미래의 중요한 영역의 육성에 집중하는 것이 특징이다.

캐퍼빌리티 아카데미의 영역은 [그림 34]에서 보듯이 전략적이고 회사 특화 분야에 집중하는 것이 일반적이다. 즉 조직의 현재 및 미래 전략과 매우 관련이 있고 조직의 핵심역량으로 작용할 수 있는 조

그림 34 캐퍼빌리티 아카데미 영역

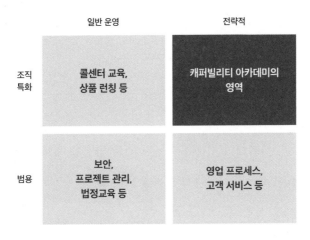

출처: https://joshbersin.com/2021/07/what-is-a-capability-academy-heres-the-answer/

직 특화 분야에 활용된다.

글로벌 방송 회사 컴캐스트Comcast에는 고객 서비스 아카데미가 있다. 이 아카데미는 회사에 중요한 수많은 서비스 스킬, 관행 및 행동을 서비스 직원에게 가르친다. 세멕스Cemex는 공급망 아카데미와 안전 아카데미를 구축했다. 이 그룹은 많은 조직의 직원들에게 공급망 및 안전 관리를 위한 회사의 고유한 솔루션에 대해 알아야 할 사항을 교육한다. 비자Visa는 직원과 비즈니스 파트너가 비자의 독점적 전략을 포함한 금융 기술의 모든 복잡성과 혁신을 이해하도록 돕는 데 중점을 둔 핀테크FinTech 캐퍼빌리티 아카데미를 구축하고 있다. 즉 사레에서 보듯 기업들이 캐퍼빌리티 아카데미를 활용하는 곳은 전략적이고 회사 특화 분야에 집중되어 있음을 알 수 있다.

캐퍼빌리티 아카데미의 구성

캐퍼빌리티 아카데미는 특정 직무나 전문 역량을 체계적으로 개발하고 관리하는 통합 프로그램의 모습을 보인다. 이는 일반적인 기

그림 35 일반 기업 교육 vs 캐퍼빌리티 아카데미

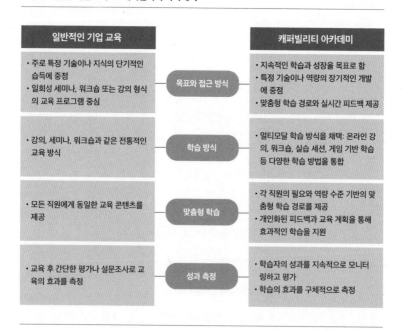

스킬 퍼스트

그림 36 캐퍼빌리티 아카데미는 대형 은행 형태로 존재

스킬과 연계된
직업과 교육

스킬 분류 진단

능력별 커뮤니티

직무
라이브러리

대형 은행 형태로 존재

- 직업, 직무 라이브러리
- 능력별 커뮤니티
- 스킬 위계 구조 및 진단
- 스킬과 연계된 직업 및 프로그램

특정 전문 영역과 관련된 진단,
교육 프로그램, 커뮤니티, 성장 경로,
직업 연계까지 통합된 체계로 존재함
(전문 영역: 세일즈, 유통, IT 개발, 보안 등)

그림 출처: HR TECH 22 How the last 2 years has changed Learning forever - Dani Johnson -

업 교육과 달리, 단순한 단기 교육이 아닌 장기적이고 지속적인 학습과 성장을 목표로 한다. 캐퍼빌리티 아카데미는 주로 특정 스킬이나 역량을 중점적으로 다루며, 개별 학습자의 필요에 맞춘 맞춤형 학습 경로를 제공한다는 것이 특징이다. 또한 멀티모달 학습 방식을 사용하여 온라인 강의, 워크숍, 실습 세션 등의 다양한 학습 방법을 통합해서 제공한다.

캐퍼빌리티 아카데미는 대형 은행의 형태를 보이는 것이 특징이다. 특정 역량 또는 스킬과 관련된 다양한 데이터와 학습 자료 정보, 커뮤니티들을 한 곳에 모아 놓은 형태이다.

스킬 또는 역량과 관련된 직무 라이브러리Job Library, 능력 또는 스

그림 37 캐퍼빌리티 아카데미(직무 및 능력 특화)

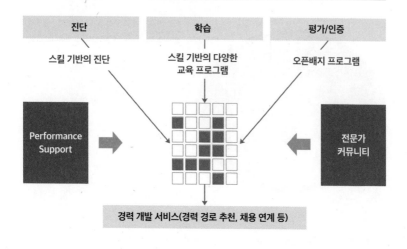

킬별 다양한 커뮤니티, 스킬 기반의 위계 구조와 진단 툴, 스킬과 연계된 다양한 직업과 교육 프로그램의 소개 등 스킬 또는 역량과 관련된 모든 툴과 자료를 포괄적으로 제공한다.

 학습자 입장에서 캐퍼빌리티 아카데미는 스킬과 필요 역량을 중심으로 구성되는데, 핵심 스킬들에 대한 진단, 학습, 평가 및 인증까지 통합적으로 구성된다. 각 스킬을 보다 성장시킬 수 있는 다양한 커뮤니티와 학습 자료가 추가로 제공되며, 실무와 연계될 때 지원 가능한 성과 지원 도구 또한 제공된다. 그리고 통합적으로 스킬과 역량 향상을 돕는 학습 경로 또는 경력 경로를 제시하고 채용까지 연계해 주기도 한다.

기업으로 확산되는 캐퍼빌리티 아카데미 ──────

SAP 세일즈 아카데미SAP Sales Academy는 SAP의 판매 및 사전 판매팀을 위한 통합적 교육 프로그램을 제공하고 있다. 이 프로그램은 학습자들이 SAP ERP와 SAP S/4HANA 시스템에서 핵심 기능을 익히도록 돕고, 혼합형 학습 방식을 채택하여 학습 성과를 극대화한다. SAP는 성공적으로 학습을 완료한 직원들에게 디지털 배지를 발급하여 그들의 역량을 인증하고 있다.

유니레버는 구성원들의 디지털 역량을 강화하기 위해 디지털 캐퍼빌리티 아카데미Digital Capability Academy를 설립하였다. 이 프로그램은 코세라Coursera 같은 외부 학습 플랫폼을 통해 디지털 마케팅, 데이터 분석, 전자상거래 등에 필요한 교육 콘텐츠를 제공하고 있다. 또한, 실습 프로젝트를 통해 학습자들이 실제로 기술을 적용할 수 있도록 지원하고 있다.

글로벌 IT 및 컨설팅 기업인 액센츄어는 직원의 스킬과 역량을 높이기 위해 캐퍼빌리티 아카데미를 운영하고 있다. 특히 클라우드, AI, 데이터 분석 등 첨단 기술에 대한 역량 강화를 중점적으로 다루고 있다. 구성원들에게 지속적인 학습 기회를 제공하기 위해 온라인 학습 플랫폼과 함께 실습 기반의 교육도 병행하고 있으며, 클라우드 기술과 AI에 대한 심화 학습 경로를 제공해 직원들이 프로젝트에 실질적으로 활용할 수 있는 스킬을 습득할 수 있도록 지원하고 있다.

글로벌 숙박 공유 플랫폼인 에어비앤비는 빠르게 성장하는 기업 특성상 직원들이 끊임없이 새로운 스킬을 취득하고 시장 변화를 따라갈 수 있도록 역량을 강화하는 데 초점을 맞추고 있다. 에어비앤비는 사내 교육 프로그램을 캐퍼빌리티 아카데미 형태로 개편해 통합적인 학습지원을 하고 있다. 또한, 직무별로 맞춤형 학습 경로를 제공해 기술 전문가들은 최신 기술 트렌드에 대해, 관리자들은 전략적 리더십과 글로벌 확장에 대해 학습할 수 있게 하고 있다.

글로벌 제약회사인 노바티스Novartis는 디지털 헬스케어 분야에서 혁신을 주도하기 위해 역량 강화 프로그램을 도입했다. 헬스케어 분야의 디지털 혁신을 주도하고, 직원들이 새로운 헬스케어 기술에 빠르게 적응하도록 캐퍼빌리티 아카데미를 개설했다. 노바티스는 데이터 사이언스와 디지털 헬스케어에 대한 집중 학습 프로그램을 마련하여 직원의 역할과 경력 목표에 따라 맞춤형 학습 경로를 제공한다.

보다폰Vodafone은 세계적인 통신 회사로, 디지털화와 5G 기술 도입에 따라 직원들의 역량을 강화하기 위해 캐퍼빌리티 아카데미를 도입했다. 디지털 통신 기술을 효과적으로 활용할 수 있는 역량을 배양하여 기업의 경쟁력을 갖게 하는 것이 목표였다. 구성원들은 캐퍼빌리티 아카데미 프로그램을 통해 5G 네트워크와 IoT 기술에 대한 이해를 높이고 더 나은 서비스를 제공할 수 있도록 다양한 프로그램을 제공하고 있다. 보다폰의 캐퍼빌리티 아카데미에서는 학습 프로그

스킬 퍼스트

램에 대한 실시간 피드백을 제공하고 배운 내용을 현장에 바로 적용할 수 있는 다양한 실습 기반의 프로젝트 학습으로 구성되어 있다.

기업들의 사례를 보면 공통적으로 캐퍼빌리티 아카데미는 조직의 핵심적인 역량 또는 스킬을 강화하도록 구성하고 있으며, 학습을 넘어 성과로 연결되도록 다양한 실습과 피드백을 제공하고 있다. 또한 커뮤니티를 통한 협력학습과 다양한 형식의 학습 자료 및 툴을 함께 제공하는 것이 특징이다.

캐퍼빌리티 아카데미의 구축 프로세스

캐퍼빌리티 아카데미의 구축은 크게 6단계로 이루어진다. 이에 대해 간략히 살펴보기로 하자.

1단계: 필요성을 분석하고 목표를 설정

조직의 장기적인 비전과 목표를 명확히 정의한 후 캐퍼빌리티 아카데미의 목표를 설정하는 단계이다. 이를 통해 달성하고자 하는 구체적인 성과를 정의하는 것이 필요하며, 현재 조직의 역량 수준과 필요한 역량 간의 격차를 분석한다. 이 단계에서는 직무 분석, 스킬 매핑, 인터뷰, 설문조사 등의 방법이 활용된다.

2단계: 학습 커리큘럼 및 콘텐츠 설계

조직의 필요와 목표에 맞춘 학습 콘텐츠 설계 및 도입을 진행하고 다양한 학습 방법(온라인 강의, 워크숍, 실습 세션 등)을 통합하여 콘텐츠를 설계한다. 구성원이 필요한 스킬을 효과적으로 습득할 수 있도록 맞춤형 학습 경로를 설정하는 단계이다.

3단계: 학습 플랫폼 구축

학습 콘텐츠를 효과적으로 제공하고 관리할 수 있는 LMS 혹은 LXP를 구축하거나 도입한다.

4단계: 운영 및 실행

학습 프로그램의 운영 계획을 수립하고, 학습 일정과 방법을 구체화하고 학습 관리자가 학습 진행 상황을 모니터링하고 지원할 수 있도록 역할을 정의한다. 이 단계에서는 학습 플랫폼 및 도구 사용법에 대한 안내가 필요하며, 정기적인 학습 세션을 통해 지속적인 학습을 촉진하는 것이 필요하다.

5단계: 평가 및 피드백

학습자들의 성과를 평가하기 위해 다양한 평가 방법을 설계하고 데이터 분석을 중심으로 학습 목표 달성 여부를 확인하며, 필요한 경우 학습 경로를 수정해 나간다. 이를 통해 개인화된 피드백을 제공하

스킬 퍼스트

여, 학습 효과를 극대화할 수 있다.

6단계: 지속적 업데이트 및 개선

학습 프로그램의 효과를 지속적으로 모니터링한다.

이 6단계의 과정을 통해 캐퍼빌리티 아카데미를 구축해 나갈 수 있다. 여기에서 중요한 점은 캐퍼빌리티 아카데미는 콘텐츠 라이브러리가 아니라는 점이다. 캐퍼빌리티 아카데미를 구축하고 설계할 때 중요한 점은 학습자가 학습하는 것 외에 실제 적용하는 부분과 멘토링, 코칭을 통해 필요한 상호작용을 하는 등 학습뿐만 아니라, 성과와 경력 개발 및 성장을 함께 고려해야 한다는 점이다.

SKILLS FIRST

Module
7

스킬 시프트 시대,
조직과 개인을 위한
Tips

Topic 1

조직의 대응 방안

변화는 작은 것에서 시작된다 ─────

스킬 기반의 HR를 하고자 할 때 가장 어려워하는 것이 어디서부터 시작해야 할지 엄두가 나지 않는다는 것이다. 우리가 기존에 수행해 왔던 직무 중심의 HR과는 여러 측면에서 차이가 있기 때문에 쉽게 익숙해지기 어려운 것이 사실이다. 또한 HR 담당자를 차치하고도 경영진과 구성원들에게 다소 생소한 접근 방법이어서 스킬 기반 HR 추진이 더딜 수밖에 없다.

스킬 기반 HR은 인사/조직을 관리함에 있어 매우 중요한 도구로 부상하고 있다. 기존의 직무 중심의 방식은 지금의 변화를 따라가기에는 한계가 있으며, 글로벌 선도기업들이 스킬 기반 HR을 바탕으로 성과를 내기 시작했다는 점은 더 이상 스킬 기반 HR을 미뤄 둘 수

만은 없게 만든다. 하지만 '무작정 시작하는 것이 맞을까? 조직의 저항은 없을까? 우리 조직에 맞는 방식일까?'와 같은 다양한 두려움이 존재하고 있다.

"시작하고 시행착오를 겪어 나갈 것인가, 또는 관망하고 있을 것인가?" 이 두 가지가 스킬 기반의 HR을 바라보는 관점이다.

HR 전반을 움직이는 큰 변화는 아무래도 리스크가 크기 때문에 스킬 기반 HR에 접근할 때 많은 기업이 작게 시작하는 방식을 시도하고 있다. 그리고 성공 사례 또한 이런 작은 실행의 접근에서 등장하는 경우가 많다.

1994년 뉴욕시 경찰 국장으로 취임한 윌리엄 브래튼은 변화에 있어서 작은 것의 힘을 잘 알고 있었다. 그 나름의 매우 명쾌한 변화 이론을 갖고 있었다. 그는 공중화장실에서 일상적인 삶의 질을 저해하는 낙서나 회전문 뛰어넘기 등 경범죄를 감시하면 강력한 범죄를 단속할 수 있다고 주장했다. 범죄 연구 단체 등에서는 이것을 깨진 유리창의 이론이라고 부른다. 즉 어떤 건물에 깨진 창문이 즉시 새것으로 바뀌지 않으면 사람들은 누구도 그것에 신경 쓰지 않는다고 생각한다. 그래서 얼마 지나지 않아 건물의 유리창이 모두 깨지고 만다는 것이다.

브래튼 국장 재임 시 뉴욕 경찰국은 사소한 일에도 신경 쓴다는 것을 보여 주었고, 일상생활을 침해하는 경범죄 단속 과정에서 더 큰 범죄에 사용되었을 수도 있는 수백 가지의 무기를 압수할 수 있었다. 이렇게 단순하고 이해하기 쉬운 변화 이론으로 브래튼은 뉴욕 경찰국의 일을 새롭게 정립할 수 있었고, 그 결과 뉴욕의 범죄율을 극적으로 낮췄다. 작은 예방 하나가 큰 범죄를 예방하듯 작은 일은 큰일을 하는 데 근간이 되며 그 힘들이 모여 큰 변화의 원동력이 되는 것이다.

성공은 이러한 작은 실천에서 비롯된다. 하지만 이러한 작은 실천을 이루기 위해서는 의지가 뒤따라야 한다. 스킬 기반의 HR도 마찬가지다. 작은 변화 그리고 우리 조직 중 스킬 기반 HR에 적합한 직무, 직군, 비즈니스에 작게 적용하면서 시작하길 추천한다.

스킬 기반의 작은 변화를 위한 출발점은 직무가 아니라 일에 집중하는 것이 필요하다. 조직이 해야 할 전체 일을 어떻게 스킬 기반으로 분배하여 효율적으로 관리할지, 그리고 미래에 해야 할 일들에 필요한 미래 스킬은 무엇인지에 대해 고민하는 것이 필요하다. 직무를 중심으로 조직을 어떻게 구성하고 운영할지를 생각하는 것이 아니라, 조직이 해야 하는 일이 무엇이고 이 일을 어떻게 조직적으로 관리할 것인지에 대한 고민부터 출발해야 한다.

세계적인 HR 컨퍼런스인 ATD 23에서 톰 스톤Tom Stone이 〈고성과 조직이 스킬 데이터베이스와 인재 시장을 구축하는 방법과 이유How and Why High Performance Organizations Build Skills Databases and Talent Marketplace〉

라는 주제로 발표한 세션에서는 스킬 기반으로 작게 시작하는 것의 중요성을 강조하며 다양한 사례를 들고 있다. 그중 하나를 소개하면 한 병원의 수석 간호사의 직무 재설계 과정에 대한 내용이다. 코로나 이전 수석 간호사가 했던 역할은 삽관술, 스케줄 조정, 온도 측정, 무반응 환자 진단, 약물 처방, 안정된 환자 체크 등 너무 많은 일을 감당하고 있었다. 수석 간호사들은 고급 스킬을 보유하고 있었으나, 맡고 있는 역할은 고급, 중급, 초보 스킬 수준으로 매우 다양했다. 그리고 이는 업무 과중으로 이어져 퇴사율이 증가하는 현상을 보였다.

이를 해결하기 위해 스킬 기반의 역할 재설계를 수행했다. 그리고 수행 결과, 수석 간호사는 고급 스킬이 필요한 삽관술, 무반응환자 진단, 약물 처방에 집중하게 만들었다. 그리고 응대 요원이라는 새로운 역할을 만들어 온도 측정, 안정된 환자 체크를 하게 만들었다. 스케줄 조정의 경우 자동화 시스템을 본격 도입했다. 이런 노력은 수석 간호사의 만족도를 높여 퇴사율이 줄어드는 성과로 이어졌다.

학습하는 문화 구축하기

스킬 기반의 조직은 HR 담당자만의 노력만으로는 불가능하다. CEO를 비롯한 경영진의 강력한 추진 의지와 구성원들의 마인드 변화, 그리고 조직 문화도 함께 변화해야 가능하다. 스킬 기반 조직으

스킬 퍼스트

로의 변화는 매우 큰 혁신과 변화의 과정이기 때문이다.

글로벌 에너지 기업 토털 에너지Total Energies는 구성원들이 미래 그린 비즈니스로 전환하기 위한 스킬을 갖추도록 하기 위해 업스킬 및 리스킬 체계를 구축했다. 특히 '리지Lizzy'라는 러닝 플랫폼을 통해 구성원들이 자신이 목표로 하는 직무에 필요한 스킬을 스스로 학습할 수 있도록 지원하고, 포지션에 따른 스킬 갭을 분석하여 맞춤형 학습 과정을 제공했다. 또한 '리스킬링 데이'라는 제도를 통해 구성원들이 현재 직무와 무관한 학습 프로그램을 이수할 수 있도록 장려하며, 이를 통해 조직 내에서 지속적인 학습 문화를 구축하고 있다. 즉 토털 에너지는 스킬 기반의 변화를 위한 다양한 제도와 지원을 통해 스킬 기반 문화까지 구축하려 노력하고 있다.

스킬 기반 조직으로의 전환은 전통적인 직무 기반 조직과 달리, 직원들이 직무가 아닌 개인의 스킬과 역량을 중심으로 조직에 기여할 수 있도록 하는 접근 방식이다. 따라서 이를 성공적으로 구현하기 위해서는 조직문화가 변화해야 하며, 이를 위해 다음의 노력이 필요하다.

첫째, 학습과 성장 중심의 문화를 조성해야 한다

직원들이 새로운 스킬을 지속적으로 학습하고 발전할 수 있도록 지원하는 환경을 조성해야 하며, 이를 위해 교육 프로그램, 멘토링, 학습자료 등을 제공해야 한다.

둘째, 유연한 직무 구조가 필요하다

스킬 기반 조직에서는 직원들이 특정 직무나 직책에 구속되지 않고, 자신의 스킬이나 역량에 맞는 다양한 프로젝트나 업무를 수행할 수 있도록 유연한 직무 구조를 마련하는 것이 중요하다.

셋째, 커뮤니케이션이다

조직 내 모든 구성원이 자신의 스킬을 명확히 인지하고, 어떤 프로젝트나 업무에 기여할 수 있는지 투명하게 알 수 있도록 정보가 공유되어야 한다. 이를 위해서는 다양한 플랫폼이 활용될 수 있다.

넷째, 성과와 보상 시스템의 변화이다

성과 평가 및 보상 시스템이 직무 중심이 아닌 스킬과 능력 중심으로 전환되어야 구성원들의 참여가 더욱 촉진될 수 있다. 직원들이 프로젝트에 참여하여 발휘한 스킬과 그로 인한 기여도를 평가하고, 이에 따른 보상이 이루어지도록 설계하는 것이 필요하다.

다섯째, 협력과 융합의 문화이다

다양한 스킬을 가진 구성원들이 협력하여 시너지를 창출할 수 있도록 협력적인 조직문화를 조성해야 한다.

스킬 퍼스트

여섯째, 리더십의 변화가 가장 중요하다

리더들은 직원 개개인의 스킬과 역량을 이해하고, 이를 통해 조직의 전략적 목표를 달성할 수 있도록 지원하는 역할을 해야 한다. 스킬 기반의 제도와 문화가 정착될 수 있도록 구성원들을 이끌고 솔선수범해 나가는 것이 무엇보다 중요하다.

개인의 대응 방안

애자일 역량과 성장 마인드셋 갖추기 ─────────

디지털 시대에서 변화의 흐름은 계속해서 증가하고 있으며 복잡성과 상호 의존성 또한 증가하고 있다. 이러한 변화에 빠르게 적응하고, 나아가 변화하는 환경에서 기민하게 학습할 수 있는 역량이 더욱 중요해지고 있다. 즉 변화의 시대에는 애자일 역량과 성장 마인드셋을 갖추는 것이 무엇보다 중요하다.

애자일 역량은 복잡하고, 빠르게 변하는 환경에서 현명하고 효과적으로 행동하는 능력을 의미한다. 애자일은 '기민한, 민첩한'이라는 의미를 담고 있는데, 변화의 속도가 빠른 환경 속에서 현명한 생존을 위한 키워드로 자리 잡고 있다.

애자일 역량은 크게 4가지로 구성된다.

첫째, 자기 인식 애자일 역량으로 자신의 역량을 스스로 잘 파악하고 적극적으로 타인에게 피드백을 받는 것을 의미한다.

둘째, 이해관계자 애자일 역량으로 타인과 공감하며, 업무과 관련된 다양한 관계에 민감하게 인식하는 능력을 의미한다.

셋째, 상황적 애자일 역량으로 상황의 변화와 환경 변화를 인지하고 의미 있는 목적을 파악하는 역량을 말한다.

넷째, 창조적 애자일 역량으로 좋은 아이디어를 찾아내고 연결하는 것을 의미한다.

애자일 역량은 이 4가지가 종합적으로 작용하며, 각각의 역량을 높이기 위해서는 꾸준하고 의도적인 노력이 필요하다.

애자일 역량에서 가장 필요한 것은 변화에 대해 열려 있어야 한다는 것이다. 변화에 대한 열린 마인드가 변화에 기민하게 대응할 수 있는 애자일 역량의 출발점이기 때문이다.

에드워즈 데밍에 의해 주도되었고 품질혁명의 중심에 있었던 SPC 이론Statistical process control(통계적 공정 관리)은 일본에서 꽃을 피웠지만, 그 이론을 개발한 나라는 미국이었다. 데밍이 AT&T에 근무하던 시절, 자신의 상사인 월터 슈와트에 의해 개발된 원리였다. 데밍은 제2차 세계대전 기간 동안 미국의 제조업체들을 상대로 SPC 원리의 보급에 힘썼다. 실망스럽게도, 전후 시대의 미국 산업계는 SPC의 원리를 받아들이지 않았다. 당시 미국의 제조업계는 품질과 물량 어느 면에서나 세계 시장을 주름잡고 있었기 때문에 현상에 만족하고 있었고, 종래의 경영 방식을 바꾸고 싶지 않았던 것이다.

하지만 일본이 경우는 전쟁을 통해 전 국토가 초토화되어 버린 상황이었고, 자원은 턱없이 부족했다. 또한 당시 일본의 상품은 조악하고 형편없는 수준이었다. 그들은 새로운 변화를 갈망하고 있었다. 이러한 일본에게 데밍의 SPC의 원리는 빛과 같은 존재였다. 일본 기업들은 데밍의 원리를 적극적으로 수용하였고, 1950~1970년까지 1만 5,000명에 가까운 엔지니어와 공장 관리자들이 데밍의 원리를 전수받았다.

이러한 품질 혁명은 일본의 산업계를 근본적으로 바꾸어 놓았고, 일본 기업이 오토바이, 소형 자동자, 저가 손목시계 등의 시장을 하나씩 점령하는 데 중요한 역할을 하였다. 1970년대 후반, 일본 기업들에게 시장을 빼앗기고 충격을 받은 후에야 미국 기업들은 데밍의 원리를 도입하기 시작했다. 미국은 자국이 개발한 원리의 변화를 수용하지 못해 뒤늦게 도입하는 격이 되었던 것이다. 데밍이 SPC 공법을 개발했을 당시 세계 시장을 주름잡고 있던 미국은 자만심에 빠져 그만 변화에 대해 열려 있지 못했다. 하지만 일본의 경우 변화를 원하고 적극 수용했기 때문에 전쟁의 아픔에서 벗어나 선진 대열에 오를 수 있었다.

변화에 대해 열려 있는 자세는 중요하다. 변화의 시작은 우선 변화를 수용해야 가능하기 때문이다. 애자일 역량 또한 변화에 대한 열린 자세부터 출발한다.

스탠퍼드 대학의 심리학과 교수 캐럴 드웩은 《마인드셋》이란 책에서 40년 동안 성공한 사람들을 연구하며 그들의 성공의 비밀을 밝히고자 했다. 그의 결론은 성공한 사람과 실패한 사람을 가르는 핵심 요인이 마인드셋에 있다는 것이었다.

마인드셋은 고정 마인드셋과 성장 마인드셋으로 구분되며, 캐럴 드웩 교수는 실패한 사람들은 고정 마인드셋을, 성공한 사람들은 성장 마인드셋을 가지고 있다고 한다.

고정 마인드셋을 가진 사람은 재능은 정해져 있다고 생각하지만, 성장 마인드셋을 가진 사람은 늘 성장할 수 있다는 기본 전제를 가지고 있다. 고정 마인드셋의 사람들이 남들에게 똑똑하게 보이고 싶은 욕구를 가진 반면, 성장 마인드셋을 가진 사람들은 더 많이 배우고 싶다는 욕구를 가지고 있다.

고정 마인드셋을 가진 사람들은 일반적으로 도전을 피하고, 역경 앞에서 쉽게 포기하며, 남의 성공에 대해 위협을 느낀다. 하지만 성장 마인드셋을 가진 사람들은 도전을 받아들이고, 역경에 맞서 싸우며 남의 성공에 대해서 교훈과 영감을 얻는다.

그렇다면 성장 마인드셋은 어떻게 증대시킬 수 있을까? 이 부분에 대해 함께 살펴보도록 하자.

첫째, 성장의 기회는 언제나 존재한다는 생각이 중요하다

벤저민 바버Benjamin Barbar는 "세상은 강자와 약자, 또는 승자와 패자로 구분되지 않는다. 다만 배우려는 자와 배우지 않으려는 자로 나뉠 뿐이다"라고 말하며 배우는 자세의 중요성에 대해 역설했다. 성공과 실패에 도취되거나 좌절하지 않고 이 또한 배움의 과정이라 생각하는 자세가 필요하다. 또한 윗사람 아랫사람 가릴 것 없이 누구에게나 배울 수 있다는 태도가 중요하다.

프랑스의 젊은 엔지니어 레세프는 1859년부터 1869년에 걸쳐 수에즈운하를 성공적으로 건설했다. 수에즈운하의 성공에 고무된 유럽 금융업자들은 다음 파나마지역으로 눈을 돌렸다. 그래서 그들은 1881년 파나마운하건설(주)를 조직하고, 수에즈운하의 건설 영웅 레세프를 책임자로 영입했다. 그런데 수에즈 지역과 파나마 지역은 지형과 기후 등 자연환경이 크게 달랐다. 수에즈운하의 경우 굴착 지역의 평균 높이는 해발 15m 정도였지만 파나마 지역은 150m나 되었다.

하지만 레세프는 과거 자신의 성공의 도취해 수많은 학자가 제시한 '파나마 기후와 지역에 맞는 갑문식 방식'을 거절하고, 과거 수에즈운하에서 사용되었던 방식을 고집하였다. 결과는 실패로 돌아갔다. 결국 파나마 운하는 학자들이 제시한 갑문식 방식을 채택하고 나서야 성공적으로 공사를 마무리할 수 있었다. 과거의 성공이나 배운 것에 집착하지 않고 늘 배우려 하고 타인의 의견을 청취하는 자세가 성장의 출발점이자, 성공의 밑거름이다.

둘째, 긍정적 태도가 중요하다

교세라 그룹 이나모리 회장은 "인생의 결과 = 능력 × 열의 × 사고방식"이라 말하고 다음과 같이 설명한다. "능력은 우수한 지능과 함께 운동신경의 발달, 건강한 신체도 포함되는데, 대개 타고난 경우가 많다. 일반적으로 자신의 의지와 무관한 것이다. 그러나 '열의'는 자신의 의지로 바꿀 수 있다. 능력은 부족하지만 열의가 강하다면 자신의 선천적 한계를 뛰어넘을 수 있다. '사고방식'은 인생에 대하는 태도를 의미한다. 세상에 대해 긍정적인 자세와 낙관적인 태도를 가질 경우 인생도 잘 풀린다."

이나모리 회장은 이 3가지 요소 가운데 사고방식이 가장 중요하다고 보았다. '능력'이나 '열의'는 0에서 100점까지 있지만, 사고방식은 마이너스 100점에서 플러스 100점까지 다양하다고 얘기하고 있다. 사고방식, 즉 태도는 인생의 방향을 의미한다. 부정적인 태도를 가진 사람은 자신의 능력과 열의를 좋은 방향으로 쓰지 못한다. 아무리 힘이 있고 능력이 있어도 자신의 태도로 인해 부정적인 방향으로 나아가게 되는 것이다. 때문에 부정적 태도를 가지고 있으면, 아무런 능력과 열의를 갖지 않는 것이 오히려 도움이 될 수 있다. 반대로 긍정적 태도를 유지하면 자신의 능력과 열의가 모자라더라도 조금이라도 옳은 방향으로 나아갈 수 있다.

하버드 경영대학원의 한 보고서에 따르면 기업의 성공 요인으로 정보, 지능, 기술, 태도가 필요하다고 한다. 기업 성공의 핵심적인

4가지 요소 중 중요 순위를 따져보면 정보와 지능 그리고 기술을 합쳐도 전체 성공 요인 중 7%에 불과하다. 나머지 93%는 바로 태도가 차지한다고 한다. 즉 기업이 긍정적이냐 부정적이냐에 따라 그 기업의 성공을 93%나 좌우한다는 것이다.

또한 브라이언 트레이시는 《성취심리》에서 "태도가 성공의 85%를 좌우합니다. 오늘도 긍정적인 태도로 열심히 사는 하루 되십시오"라고 말하며 태도의 중요성을 강조하고 있다.

기업이나 개인에게 있어 어떠한 태도를 선택하느냐는 성공을 좌우하는 데 매우 중요한 요소로 작용한다. 긍정적인 태도는 성장 마인드셋을 함양하는 데 필수적인 요소이다.

셋째, 성장 마인드셋은 훈련을 통해 가능하다는 것을 기억해야 한다

《언택트 교육혁명》에 나오는 스탠퍼드 대학의 캐롤 드웩 박사의 실험을 요약하면 미국 고등학생 1만 2,500명 성장 마인드셋 훈련 효과를 실험했다. 학생들에게 뇌과학에 대한 연구를 알려준 다음 서로 협력하여 학습하도록 했다. 두 그룹으로 나누어 한 그룹만 25분 성장 마인드셋 훈련을 두 번 시켰다. 이 두 그룹의 학습 성취도에 대해 비교했는데, 훈련받은 친구들만 성적이 크게 향상되었다.

성장 마인드셋은 의도적인 노력과 훈련을 통해 발전이 가능하다는 점을 염두에 두어야 한다. "배움은 학습자가 성취하는 무언가이다. 그것은 능동적이고 스스로 수행하는 일이다"라는 교육의 석학 존 듀이의 말처럼 능동적이고 적극적인 노력을 기울이는 것이 중요하다.

소프트 스킬 개발에 투자하기 ─────────────

세계적인 HR 구루 조시 버신은 스킬을 3가지로 나누고 있다. 테크니컬 스킬, 프로페셔널 스킬, 그리고 소프트 스킬이다.

테크니컬 스킬에는 수백 가지의 기술, 주제, 시스템 및 프로세스가 포함된다. 타이핑, 읽기, 엑셀 사용, 심지어 코드 작성 방법 등이 이에 해당한다. 프로페셔널 스킬은 직업이 요구하는 것이 일반적이다. 예를 들어 세일즈 전문가라면 고객 상담, 콜드콜, 협상, 영업 전략 수립 등이 이에 해당한다. 소프트 스킬은 타인과 원활하게 소통하고 협력하며, 다양한 상황에 유연하게 대처하는 능력으로 인간관계, 팀워크, 리더십, 경청, 공감, 커뮤니케이션 등이 해당한다.

이 중 기술이 고도화될수록, 그리고 사회가 복잡해질수록 소프트 스킬의 중요성이 강조되고 있다. 우리는 흔히 눈에 보이는 테크니컬 스킬 또는 프로페셔널 스킬에 주목하게 되는데 실질적 성과를 창출하려면 반드시 소프트 스킬을 갖추어야 한다. 또한 소프트 스킬은 인공지능 등의 최신 기술로 대체되기 어렵기 때문에 미래에 더욱 주목받는 스킬이 될 것이다.

구글의 사례로도 소프트 스킬의 중요성이 뒷받침된다. 구글의 창립자들은 테크니컬 스킬의 중요성을 강조했다. 그러나 2013년, 그들은 이 가설을 검증해 보기로 했고, 결과는 매우 충격적이었다. 구글의 프로젝트 옥시젠Project Oxygen은 구글의 최고 성과 관리자들을 만드는 데 가장 중요한 요소들을 분석하였는데, 그 결과 STEM(과학, 기술, 공학, 수학)과 같은 전문 지식이 8가지 중요한 특성 중 최하위에 위치한다는 사실이 밝혀졌다. 이후 구글은 이 리스트에 10가지 중요한 역량을 추가했으며, 그중 9가지는 소프트 스킬에 해당한다.

구글의 상위 관리자 행동 특성 10가지

1. 좋은 코치가 된다.
2. 팀에 권한을 부여하고 지나치게 관리하지 않는다.
3. 성공과 웰빙에 관심을 보이며 포용적인 팀 환경을 만든다.
4. 생산적이고 결과 중심이다.
5. 훌륭한 의사소통을 한다(정보를 경청하고 공유한다).
6. 경력 개발을 지원하고 성과에 대해 논의한다.
7. 팀을 위한 명확한 비전/전략을 가지고 있다.
8. 팀을 조언할 수 있는 핵심 기술을 보유하고 있다.
9. 구글 내 협업이 가능하다.
10. 강력한 의사결정자이다.

2019년 IBM의 기업 스킬 보고서에 따르면, 행동 기반의 소프트 스킬은 기업 리더들이 가장 중요하게 여기는 역량 목록에서 최상위에 위치하고 있다. 4,500명 이상의 고위 임원을 조사한 후 발표한 이 보고서에는 그들이 지금 직면한 진짜 문제는 테크니컬 스킬 또는 프로페셔널 스킬뿐만 아니라, 실제로 광범위하게 쓰이는 소프트 스킬이라는 내용을 포함하고 있다.

행동 기반의 소프트 스킬은 다음과 같다. 변화에 유연하게 대응할 수 있는 능력, 시간 관리 및 우선순위 설정 능력, 팀 환경에서 효과적으로 일할 수 있는 능력, 비즈니스 환경에서 효과적으로 의사소통 할 수 있는 능력, 분석적 사고 및 비즈니스 감각, 혁신과 창의력, 윤리 및 도덕성 등이다.

테크니컬 스킬 및 프로페셔널 스킬에 비해 소프트 스킬은 측정이 어려울뿐더러 개발 또한 매우 어렵다. 하지만 실질적인 성과를 창출하는 데 소프트 스킬이 중요한 역할을 한다는 것은 증명된 사실이다. 따라서 우리는 테크니컬 스킬 또는 프로페셔널 스킬뿐만 아니라 소프트 스킬 개발의 중요성을 간과하지 말아야 한다.

개인을 위한 업스킬링과 리스킬링 Tips ─────

1. 안전지대를 벗어나라

우리의 두뇌는 순간순간 자신이 기울이는 노력과 자신이 처한 환경에 따라 계속 재창조되고 있다. 1996년 캘리포니아의 솔크 생물학 연구소는 완전히 다른 두 개의 환경에서 성장한 쥐의 두뇌를 비교한 연구 결과를 영국의 과학 잡지 〈네이처〉에 발표했다. 40일간 행해진 이 연구에서 한 그룹의 실험용 쥐들은 넓은 공간에서 장난감과 운동용 바퀴, 터널 등이 제공된 넓은 사육장에서 성장했다. 반면 다른 그룹의 쥐들에게는 평범한 실험실용 사육장에서 먹을 것과 물만 제공되었다.

한쪽은 학습과 자극이 주어지는 환경, 다른 한쪽은 아무 자극이 주어지지 않는 평이한 환경이 제공된 것이다. 그 결과, 넓은 공간에서 장난감을 갖고 생활한 쥐들의 경우 뇌세포, 즉 뉴런의 수가 약 15퍼센트 늘어나 있었다. 숫자로 계산해 보면 뇌세포가 평균 4만 개 더 많은 것이다. 솔크 생물학 연구소의 프레드 게이지Fred H. Gage 교수는 이렇게 말한다.

> "이번 연구는 뇌의 형성이 끝나지 않은 새끼 생쥐들을 대상으로 한 것이 아니라 다 자란 어른 생쥐들을 대상으로 했다는 점에서 놀랍다. 이 결과를 사람의 학습 및 정신 개발과 관련해 적용해 본다면 나이가 많다고 해서 늦을 것은 아무것도 없다. 어린 시절에 자극이 많은 환경에서 자라는 것도 중요하지만 나이 든 상태에서도 지적 자극은 뇌의 형성에 여전히 영향을 미칠 수 있다."

업스킬링과 리스킬링을 위한 첫 번째 방식은 안전지대에서 벗어나는 것이다. 익숙한 환경, 자극이 없는 환경에서는 사람들이 안주하고 새로운 학습을 필요로 하지 않는다. 성장하고 발전하기 위해서는 의도적으로 새로운 환경에 노출될 필요가 있다. 학습 프로그램이나 커뮤니티에 의도적으로 참여하거나, 직장 내에서 새로운 기회에 자발적으로 지원하는 것이 필요하다. 이런 자극은 학습에 대한 욕구를 불러일으켜 새로운 성장의 발판 역할을 할 수 있기 때문이다.

2. 함께 성장하라

《HR 테크 혁명》에서 구글의 소셜러닝 프로그램을 소개하고 있다. 구글은 직원들이 자발적으로 교육 프로그램을 만들어 동료들을 가르치거나 함께 학습할 수 있는 시스템인 G2G(구글러 to 구글러) 프로그램이 있다. 강의는 리더십, 협상 같은 일반 교육부터 데이터 분석, 파이썬 개발 언어 교육 등 기술 교육까지 광범위하다. 구글에 따르면 전체 교육 프로그램의 80% 정도가 G2G를 통해 이루어지고 있으며 6,000명 이상의 직원들이 G2G 학습 프로그램에 자발적으로 참여하고 있다. G2G 프로그램을 통해 가르치는 직원을 G2Ger라고 하는데 이들은 회사에서 선정한 인물들이 아니라, 자신의 지식을 타인에게 전수하는 데 성취감을 느껴 자발적으로 지원한 직원들이다.

성인 학습 이론 중 702010 모델이 있다. 배움에 있어서 70%는 업무 경험에서, 20%는 타인을 통해, 그리고 10%만 교실에서 학습한다는 것이다. 성인 학습자들의 90%는 업무 현장과 타인과의 대화를 통해 이루어진다. 업무 현장에서의 배움은 스스로 터득하는 경우도 있지만 대부분이 타인과 함께 생활하며 이루어지는 것이 많다. 따라서 주변 사람과 함께 성장하고 발전하는 마인드와 실천이 필요하다.

교학상장이라는 단어처럼 우리는 함께 가르치고 배우며 성장한다. 배움이 일어나는 커뮤니티와 모임에 적극적으로 참여하는 노력이 필요하다.

3. 실패를 통한 학습

새로운 것에 대한 시도는 과거에 검증된 바가 없기 때문에 성공을 보장받지 못한다. 이러한 이유로 수많은 기업이 어느 정도 실패를 감수해야 하는 위험한 선택을 하기보다는 당장 큰 문제가 없으면 현상을 유지하려고 한다. 특히 실패를 용인하지 않고 그 위험을 조직의 구성원들에게 부담시키는 기업의 경우, 기존의 낡은 사고를 버리는 것은 거의 불가능하다.

빌 게이츠 마이크로소프트 회장은 "실패를 부정적인 것으로 받아들이지 않고 변화를 위해 필요한 경험으로 수용한다면, 오히려 새로운 창조와 혁신의 가능성을 키울 수 있는 기회"라고 말했다. 그리고 "시간 낭비라고 할 수도 있었던 오메가라고 하는 데이터베이스 프로그램의 실패는 결국 마이크로소프트사에서 가장 유명한 마이크로소프트 엑세스를 탄생시켰다"라는 예를 들면서 많은 비용이 들어간 여러 번의 실패가 마이크로소프트사의 더 큰 성공을 위한 학습과 기회가 되었다고 역설했다.

수백만 달러의 돈과 엄청난 시간을 투자한 IBM의 운영체계^{os} 프로젝트는 중단되었지만, 이것은 훗날 Windows NT를 만들게 되었다. 실패한 로터스 1-2-3보다 진보된 개념의 스프레드시트를 제작하려던 프로젝트의 실패는 마이크로소프트 엑셀의 발전에 큰 도움을 주었고, 모두가 잘 아는 것처럼 엑셀은 경쟁자를 물리치고 시장을 선점하게 되었다. 분명한 것은 빌 게이츠가 이러한 실패나 역경으로부터 성공을 보는 눈을 키웠다는 것이다. 그래서 그는 그러한 상황에 있는 개인과 조직이 성공이 잠재되어 있는 실패로부터 다양한 성공을 끌어내도록 많은 도움을 주었던 것이다.

3M의 전임 CEO였던 맥나이트 회장 역시 경영자가 실패를 용인하지 못한다면 구성원의 창의성도 말살되며, 실패는 누구라도 할 수 있고, 그것은 언젠가 더 큰 성공의 원천이 될 수 있다는 경영방침을 입버릇처럼 강조했다. 성공한 기업들은 모두 실패가 변화와 혁신의 중요한 기회가 될 수 있음을 강조하고 있는 것이다. 실패는 무엇보다 변화에 대한 필요성을 인식하게 해 주는 결정적 계기가 될 수 있다. 실패의 원인이 무엇인지, 그리고 실패를 극복하기 위해 어떤 역량이 필요한지를 고민하는 과정에서 기업들은 기존에 조직이 가지고 있던 인식의 틀을 깨고 문제의 본질을 파악하게 된다.

하지만 실패의 교훈을 살리지 못하고 잘못된 악순환의 학습을 계속하게 되면, 이는 오히려 새로운 시도나 변화를 가로막고 두려움으로 인한 패배주의를 학습하는 계기가 될 수 있다. 톰 피터스는 실패에 대한 과도한 학습은 오히려 조직을 경직되게 만들어 변화를 시도하지 못하게 하는 장벽이 될 수 있음을 경고했다.

급격한 환경 변화는 기업의 사고방식, 경영 방식, 활동 방식을 쉴 새 없이 바꾸도록 요구하고 있다. 학습 조직을 구축하여 지속적인 변화를 꾀하는 것은 성공을 위한 필수적인 과정이다. "비우지 않으면 채워지지 않는다"라는 옛말처럼, 새로운 것을 얻기 위해서는 오래된 것을 포기할 수 있어야 하기 때문이다. 실패는 그 자체가 결론이 아니라 새로운 사고와 도전을 위한 밑거름이다. 때문에 학습을 통해 변화를 추진하기 위해서는 새로운 지식에 대한 학습과 과거의 사고방식을 버릴 수 있는 과감한 용기와 실패를 두려워하지 않는 도전정신이 필요하다.

95세가 된 파블로 카잘스에게 기자가 질문을 던졌다.

"카잘스 선생님, 당신은 이제 95세고 세상에서 가장 위대한 첼리스트로 인정받고 있습니다. 그런데 아직도 하루에 6시간씩 연습하는 이유가 무엇입니까?"

카잘스가 대답했다.

"왜냐하면 나 자신의 연주 실력이 아직도 조금씩 향상되고 있기 때문이오."

위대한 업적 뒤에는 평생 학습을 통해 성장을 게을리하지 않았다는 공통점이 있다. 그들의 지속적인 학습과 성장을 위한 노력은 자신을 단련시켜 더 높은 곳으로 갈 수 있는 열쇠가 되었다. 평생학습, 즉 업스킬링과 리스킬링은 우리 모두에게 선택이 아닌 필수가 되고 있다.

스킬 기반 HR을 주도하는 AI 기반의 플랫폼 분석

스킬 기반 HR 플랫폼이란 말 그대로 직원들의 스킬과 역량을 중심으로 인재를 관리하고 개발하는 시스템을 의미한다. 이 플랫폼은 단순히 직원의 이력이나 경력을 관리하는 것을 넘어, 현재 보유한 스킬과 앞으로 필요한 스킬을 파악하고 이에 맞춰 학습과 경력 개발을 지원한다. 전통적인 HR 시스템은 인재 채용과 관리에서 주로 경험과 학력, 그리고 직무 경력에 의존했다. 그러나 이러한 방법은 기술이 빠르게 변화하는 현대 사회에서 점점 더 한계를 드러내고 있다. 예를 들어, 소프트웨어 개발 분야에서는 특정 언어나 기술이 불과 몇년 만에 구식이 된다. 이처럼 기술과 지식의 변화 주기가 빠른 상황에서 현재 보유한 기술과 지식으로는 장기적인 경력 개발이 어렵다.

스킬 기반 HR 플랫폼은 이러한 문제를 해결하기 위해 고안됐다.

이 플랫폼은 직원들의 현재 스킬 세트를 분석하고, 기업의 미래 필요에 맞춰 추가적으로 어떤 역량을 개발해야 하는지 제안한다. 또한 직원들이 지속적으로 자기 계발을 할 수 있도록 맞춤형 학습 자료를 제공하고 적합한 교육 기회를 추천한다.

스킬 기반 HR 플랫폼은 직원들의 성과, 학습 활동, 기술 수준 등을 데이터로 수집하고, 이를 바탕으로 인사이트를 도출한다. 이러한 데이터 기반 접근은 직원의 강점과 약점을 보다 명확하게 파악하고, 그에 맞춘 맞춤형 경력 개발을 가능하게 만든다. 더 나아가, 이러한 플랫폼은 머신러닝이나 인공지능 기술을 활용해 직원들이 필요로 하는 기술을 예측하고, 적합한 학습 경로를 자동으로 추천할 수도 있다.

스킬 기반 HR 플랫폼의 주요 장점을 정리하면 다음과 같다.

1. **맞춤형 학습 제공**: 직원 개개인의 스킬 수준에 맞춘 학습 자료와 교육 기회를 제공하여 개인화된 학습 환경을 조성할 수 있다.

2. **데이터 기반 인사이트 제공**: 직원들의 성과와 학습 데이터를 분석하여 개인별로 어떤 스킬이 부족한지, 어떤 스킬을 더 발전시켜야 하는지를 명확하게 파악할 수 있다.

3. **기업 전략과의 연계**: 기업이 필요로 하는 스킬 세트를 미리 예측하고, 이

를 기반으로 인재를 양성함으로써 장기적으로 기업의 경쟁력을 강화할 수 있다.

4. 효율적 인재 관리: 직원들이 지속적으로 새로운 스킬을 습득함으로써(업스킬링 & 리스킬링), 내부 승진이나 역할 변경을 통한 효율적 인재 배치가 가능하다.

디그리드: 학습 및 스킬 기반 인재 관리 혁신

디그리드^{Degreed}는 직원들의 학습 및 경력 개발을 지원하는 스킬 기반 HR 플랫폼으로, 2012년에 설립되었다. 디그리드는 학습 및 성과에 대한 기존 평가 방식이 제한적이라는 문제를 해결하기 위해 구성원 개개인의 스킬 향상과 맞춤형 학습을 강조하는 플랫폼을 구현하고자 했다.

디그리드는 단순한 학습 관리 시스템$^{Learning\ Management\ System,\ LMS}$을 넘어, 직원의 실제 스킬 향상과 이를 통한 경력 개발을 목표로 한다. 사용자는 플랫폼을 통해 자신의 학습 활동을 추적할 수 있으며, 기업은 이를 바탕으로 직원들에게 필요한 학습 기회를 제공할 수 있다. 이러한 방식을 통해 직무 성과와 직결된 스킬 기반의 인재 관리를 가능하게 하는 것이다.

디그리드의 특징은 다음과 같다. 우선 사용자가 학습할 수 있는 리소스를 내부에서 제공할 뿐만 아니라, 외부 학습 리소스도 연동할 수 있다. 예를 들어, 온라인 강좌, 블로그, 논문 등 다양한 출처에서 학습 자료를 가져올 수 있어 더욱 유연한 학습 환경을 제공한다. 또한 직원들이 현재 보유한 스킬과 이를 기반으로 개발할 수 있는 미래의 스킬을 한눈에 파악할 수 있도록 시각화한다. 이를 통해 직원 개개인의 경력 개발이 보다 체계적이고 전략적으로 이루어질 수 있도록 돕는다.

디그리드 주요 기능

1. 스킬 기반 학습 경로 제공

디그리드는 개인의 스킬 수준에 맞춘 맞춤형 학습 경로를 제안한다. 이는 AI 알고리즘을 기반으로 사용자의 현재 스킬과 경력 목표에 따라 적절한 학습 자료를 추천하는 방식이다. 디그리드는 사용자가 자신의 스킬 갭을 인식하고, 필요한 학습을 통해 이를 메울 수 있도록 돕는다.

2. 학습 리소스 통합

디그리드의 가장 큰 강점 중 하나는 다양한 학습 리소스를 통합할 수 있다는 점이다. 사용자는 단순히 회사가 제공하는 교육 프로그램뿐만 아니라, 인터넷상의 다양한 학습 리소스를 한 곳에서 관리할 수 있다. 외부 리소스는 코세라^{Coursera}, 유데미^{Udemy}, 링크드인 러닝 LinkedIn Learning과 같은 주요 온라인 학습 플랫폼을 포함해, 사용자가 원하는 학습 자료를 자유롭게 추가할 수 있다.

3. 스킬 시각화 도구

디그리드는 사용자 개개인의 스킬을 시각적으로 관리할 수 있는 도구를 제공한다. 이를 통해 직원은 자신의 현재 스킬을 한눈에 확인할 수 있다. 또한 앞으로 발전시키고자 하는 스킬과 학습 목표를 설정할 수 있다. 이 기능은 특히 경력 개발에 중요한 역할을 하며, 직원들이 자발적으로 학습과 성장에 참여하도록 유도한다.

4. 학습 활동 추적 및 성과 분석

디그리드는 학습 활동을 자동으로 추적하여 성과를 측정할 수 있다. 사용자는 자신의 학습 진척 상황을 실시간으로 확인할 수 있으며, 이를 바탕으로 학습 전략을 수정하거나 보완할 수 있다. 또한, 기업은 이러한 데이터를 통해 직원들의 학습 패턴을 분석하고, 조직의 필요에 맞는 학습 프로그램을 설계할 수 있다.

기존 LMS(학습 관리 시스템) 시장에서의 디그리드의 주요 경쟁자로 코너스톤 온디멘드^{Cornerstone OnDemand}와 사바^{Saba} 등을 꼽을 수 있다. 코너스톤 온디멘드는 대기업을 대상으로 한 종합적인 학습 및 인재 관리 솔루션을 제공하며, 사바 역시 비슷한 영역에서 서비스를 제공한다. 그러나 이들과 비교했을 때 디그리드는 스킬 기반의 학습 관리에 있어 좀 더 유연한 구조를 가지고 있다. 사용자가 자신의 필요에 맞는 학습 리소스를 자유롭게 활용할 수 있다는 점에서, 디그리드는 스킬 개발과 경력 관리에 있어 보다 혁신적인 플랫폼으로 평가받고 있다.

디그리드를 도입한 대표적인 기업으로는 유니레버Unilever, 마스터카드Mastercard, 시스코Cisco 등이 있다. 이들 기업은 디그리드를 활용하여 직원들의 스킬 향상과 경력 개발을 지원하며, 특히 디지털 전환 과정에서 필요한 기술을 빠르게 습득하도록 돕고 있다. 예를 들어, 유니레버는 디그리드를 통해 직원들이 데이터 분석, 디지털 마케팅 등 새로운 기술을 학습할 수 있도록 지원하고 있으며, 이러한 과정을 통해 직원들의 생산성 향상과 성과 개선을 끌어내고 있다.

에잇폴드닷에이아이:
AI 기반 인재 채용 및 관리의 새로운 패러다임

에잇폴드닷에이아이Eightfold.ai(이하 에잇폴드)는 2016년에 설립된 AI 기반 인재 채용 및 관리 플랫폼으로, 빠르게 변화하는 HR 테크 시장에서 주목받는 혁신적인 기업이다. 에잇폴드는 "모든 직무에 적합한 인재를 찾아내고, 모든 인재가 자신의 잠재력을 최대한 발휘할 수 있도록 돕는 것"을 목표로 한다. 이 플랫폼은 기존의 채용 시스템이 직무와 인재의 매칭에서 발생하는 비효율성을 해결하고, AI와 머신러닝 기술을 이용해 보다 정확하고 공정한 인재 선발을 지원한다.

에잇폴드의 공동 창립자인 아슈토시 가그Ashutosh Garg는 구글과 IBM에서 AI를 연구하던 경력을 바탕으로 HR 기술에서 AI의 잠재력을 최대한 활용할 수 있는 플랫폼을 만들고자 했다. 그는 전통적인 채용 및 인재 관리 방식이 직무에 적합한 인재를 놓치거나, 단편적인 이력서 정보만으로 평가하는 문제를 해결하고자 했다. 이로 인해 탄생한 에잇폴드는 AI를 통해 지원자의 경력, 기술, 성향 등을 다각적으로 분석하고, 인재와 직무의 매칭을 보다 정교하게 수행한다. 에잇폴드의 핵심은 AI와 머신러닝 기술을 활용하여 채용 프로세스를 자동화하고 최적화하는 것이다. 이를 통해 기업은 보다 효율적으로 인재를 채용할 수 있으며, 인재는 자신의 경력과 목표에 맞는 직무를 찾을 수 있다.

에잇폴드 주요 기능

1. AI 기반 인재 추천 시스템

에잇폴드의 가장 강력한 기능 중 하나는 AI 기반 인재 추천이다. 플랫폼은 기업이 요구하는 직무 기술과 지원자의 경력 및 스킬을 분석해 최적의 후보자를 추천한다. 전통적인 이력서 분석 방식과 달리, 지원자가 명시하지 않은 잠재적 역량이나 직무 적합성을 예측할 수 있는 것이다. AI는 지원자의 전체 커리어 경로, 학습 기록, 프로젝트 경험 등을 분석하여, 이력서에 나타나지 않은 잠재 능력까지도 포착한다. 이를 통해 기업은 지원자의 단순한 경험을 넘어 그들의 가능성까지 객관적으로 평가할 수 있다.

2. 다양성 및 포용성 강화

에잇폴드는 공정한 채용을 구현하는 기능을 포함하고 있다. 전통적인 채용 시스템에서는 무의식적인 편향이 작용할 수 있다. 예를 들어, 특정 학교 출신이나 경력 연수 등 외형적인 요인들이 인재 선발에 영향을 미치는 것이 사실이다. 그러나 에잇폴드는 이러한 편향을 배제하고, 지원자의 실제 역량과 잠재력을 중시하는 AI 알고리즘을 적용하여 보다 공정한 채용을 가능하게 한다.

3. 스킬 매칭 및 인재 개발

에잇폴드는 스킬 기반 인재 매칭을 위한 정교한 시스템을 제공한다. 플랫폼은 기업의 요구 사항과 지원자의 스킬을 분석하여 단순한 직무 요구와 스킬 간의 일치성뿐만 아니라, 해당 스킬이 어떤 맥락에서 사용되었는지도 고려한다. 또한 직원들의 커리어 개발을 지원하는 기능도 제공하며, 조직 내에서 이동할 수 있는 역할이나 경력 성장의 기회를 분석해 제공한다. 이를 통해 직원들이 더 나은 커리어 경로를 찾고, 지속적인 성장을 도모할 수 있도록 돕는 것이다.

4. 인재 유출 예측 및 관리 도구

에잇폴드의 또 다른 강력한 기능은 인재 유출 예측이다. 플랫폼은 데이터를 바탕으로 직원의 이직 가능성을 예측하고, 이를 통해 인재 유출을 방지하기 위한 전략을 제안한다. 예를 들어 직원들의 학습 패턴, 직무 만족도, 스킬 갭 등을 분석하여 그들이 조직을 떠날 가능성이 커질 경우 이를 사전에 감지하고 대처할 수 있는 방안을 제시하는 것이다. 이를 통해 기업은 핵심 인재를 유지하고, 불필요한 인재 유출을 줄일 수 있다.

에잇폴드는 HR 기술 시장에서 비교적 신생 기업임에도 불구하고 혁신적인 AI 기술을 바탕으로 빠르게 성장하고 있다. 특히 AI 기반 HR 솔루션 분야에서는 독보적인 기술력을 인정받고 있으며, 다양한 글로벌 기업들이 이 플랫폼을 도입하여 채용 및 인재 관리 프로세스를 최적화하고 있다. 전통적인 HR 솔루션은 데이터를 분석하거나 직무와 지원자 간의 일치성을 평가할 때 제한적인 방식으로 접근했지만, 에잇폴드는 AI와 머신러닝을 중심으로 더 깊이 있는 분석을 제공한다. 단순히 과거의 데이터만을 기반으로 분석하는 것이 아니라, AI가 미래의 직무 변화와 인재의 발전 가능성까지 고려하여 인재와 직무의 장기적 매칭을 예측한다. 이로 인해 에잇폴드는 HR 기술 혁신의 선두주자로 자리 잡게 되었다.

에잇폴드는 AI 기반의 인재 추천, 스킬 매칭, 유출 예측, 그리고 경력 개발까지 폭넓은 기능을 통해 보다 통합적이고 전략적인 HR 관리를 가능하게 한다. 즉 단순히 채용 지원, 인력 관리가 아닌 탤런트 인텔리전스Talent Intelligence를 구현한 것이다. 또한 에잇폴드는 더욱 깊이 있는 데이터 분석을 통해 단순히 현재 직무에 맞는 인재를 찾는 것을 넘어, 기업이 필요로 할 미래 인재를 예측하는 능력을 갖추고 있다.

에잇폴드는 향후에도 AI 기술의 발전과 함께 HR 시장에서 지속적인 성장을 이어갈 것으로 기대를 받고 있다. 특히 다양성과 포용성을 강조하는 채용 환경에서 AI는 더 큰 역할을 할 것으로 보이며, 이는 기업들이 글로벌 경쟁력을 유지하고 강화하는 데 중요한 요소가 될 것이다. 또한, 에잇폴드는 HR의 다른 영역으로의 확장 가능성도 매우 커, 채용을 넘어 전반적인 인재 관리에 걸친 혁신적인 솔루션을 제공할 것으로 기대된다.

SAP 석세스팩터스: 글로벌 HR 솔루션의 리더

SAP 석세스팩터스^{SuccessFactors}는 2001년 설립된 HR 소프트웨어 회사 석세스팩터스가 2011년에 SAP에 인수되면서 탄생한 글로벌 HR 관리 솔루션이다. SAP 석세스팩터스는 전 세계에서 가장 광범위하게 사용되는 클라우드 기반 HR 소프트웨어 중 하나로, 기업의 인재 관리를 효과적으로 지원하는 솔루션이다. SAP는 ERP^{Enterprise Resource Planning} 시스템의 글로벌 리더로, HR 부문에서도 이를 통합하여 HR 업무를 디지털화하고, 직원 관리와 성과 평가, 채용 등을 총괄할 수 있는 종합적인 플랫폼을 제공하고 있다.

SAP 석세스팩터스는 현재 200여 개국에서 7,000여 개 이상의 기업이 사용하고 있으며, 1억 명 이상의 사용자에게 서비스를 제공하고 있다. 단순히 HR을 디지털화하는 것이 아니라, 기업이 더 나은 인재를 채용하고 직원들이 성장할 수 있는 환경을 구축하는 데 중점을 두고 있다. SAP 석세스팩터스는 직원의 생애 주기 전반을 관리하는 데 필요한 다양한 모듈을 제공하며, 특히 대규모 글로벌 기업에서 많이 사용되고 있다.

SAP 석세스팩터스는 클라우드 기반 통합 HR 시스템으로서 기업의 인재 관리부터 성과 평가, 급여 관리, 학습 관리까지 HR 업무 전반을 지원한다. 특히, 기업 규모와 무관하게 유연하게 시스템을 확장할 수 있는 기능을 제공하며, 전 세계에서 다양한 산업군에 걸쳐 활용되고 있다.

SAP 석세스팩터스 주요 기능

1. 통합 인재 관리 시스템

SAP 석세스팩터스는 인재의 채용, 성과 평가, 경력 개발 등을 하나의 플랫폼에서 통합적으로 관리할 수 있는 기능을 제공한다. 인재의 채용에서부터 입사 후의 경력 개발 및 성과 관리까지 전체 HR 사이클을 관리할 수 있도록 설계되었다. 이 시스템은 인재 데이터를 중앙에서 관리하고, 이를 바탕으로 직무별로 필요한 스킬 세트를 정의하며, 적합한 인재를 채용하고 유지하는 과정을 자동화할 수 있다.

2. 클라우드 기반 HR 솔루션

SAP 석세스팩터스는 완전한 클라우드 기반으로 운영되며, 전 세계 어디서든 실시간으로 접근할 수 있는 유연성을 제공한다. 이를 통해 기업은 물리적 장소에 구애받지 않고 전 세계적으로 HR 데이터를 관리할 수 있다. 이는 특히 다국적 기업에게 매우 유리하며, 글로벌 차원에서 인재를 관리하고 통합적인 HR 정책을 실행하는 데 도움을 준다. 또한, 클라우드 기반 시스템을 통해 소프트웨어 업데이트나 보안 패치 등이 자동으로 이루어져 기업이 보다 효율적으로 시스템을 운영할 수 있다.

3. 스킬 기반 채용 및 성과 관리 기능

SAP 석세스팩터스는 인재 채용 과정에서 필요한 스킬 세트를 자동으로 분석하고, 각 직무에 가장 적합한 인재를 추천하는 기능을 제공한다. 이는 기업이 더 나은 인재를 빠르고 정확하게 선발할 수 있도록 돕는다. 또한, 직원의 성과 평가 및 보상 관리를 자동화하고, 데이터를 기반으로 공정한 성과 평가를 진행할 수 있는 도구를 제공한다. 이를 통해 성과에 따른 보상 체계나 승진 절차를 공정하게 운영할 수 있으며, 직원들이 성과 목표를 명확히 이해하고, 이를 달성하기 위해 필요한 스킬을 개발할 수 있도록 지원한다.

4. 맞춤형 학습 및 경력 개발

SAP 석세스팩터스의 학습 관리 시스템은 직원들이 필요한 스킬을 습득할 수 있도록 맞춤형 학습 경로를 제공한다. 직원 개개인의 직무와 성과 목표에 맞춰 학습 계획을 수립하고, 필요한 교육 콘텐츠를 제공하여 직원들의 지속적인 성장을 지원한다. 이 학습 관리 시스템은 기업 내부뿐만 아니라 외부의 교육 자료와도 연동이 가능하여, 직원들이 보다 폭넓은 학습 기회를 누릴 수 있도록 도와준다.

5. 글로벌 HR 관리

SAP 석세스팩터스는 다국적 기업들이 직면하는 복잡한 HR 요구사항을 해결할 수 있는 기능을 제공한다. 전 세계 다양한 법적 요구

사항이나 규제를 반영하여 각 지역의 인사 정책에 맞는 관리가 가능하며, 다국적 기업이 전사적으로 일관된 HR 정책을 수립하고 관리할 수 있는 도구를 제공한다. 이를 통해 직원들의 법적 요구 사항을 준수하고, 각 지역의 급여 체계나 근로 시간 등의 정책을 쉽게 관리할 수 있다.

SAP 석세스팩터스는 글로벌 HR 솔루션 시장에서 확고한 위치를 차지하고 있다. SAP의 글로벌 네트워크와 ERP 분야의 강점을 바탕으로 HR 부문에서도 성공적인 확장을 이루어 내고 있다. 특히 다국적 기업들이 SAP의 ERP와 석세스팩터스를 통합적으로 활용해 전체 비즈니스 프로세스를 관리하고 있으며, 이러한 통합적 접근 방식이 SAP 석세스팩터스의 가장 큰 경쟁력 중 하나이다.

SAP 석세스팩터스는 글로벌 HR 솔루션 시장에서 선도적인 위치에 있으며, 특히 대규모 다국적 기업을 대상으로 한 HR 소프트웨어로 널리 알려져 있다. 2021년 기준으로, SAP 석세스팩터스는 전 세계 HR 소프트웨어 시장에서 큰 점유율을 차지하고 있으며, 전 세계적으로 약 200개 이상의 국가에서 사용되고 있다. 이러한 글로벌 입지는 SAP 석세스팩터스가 각국의 HR 규제를 준수하면서도 기업이 일관된 HR 정책을 유지할 수 있도록 돕는 기능을 통해 가능했다.

SAP 석세스팩터스의 주요 경쟁자로는 워크데이^{Workday}, 오라클 HCM^{Oracle HCM} 등이 있다. 워크데이는 클라우드 기반 HR 및 재무 관리 시스템으로, 특히 중대형 기업을 대상으로 하고 있다. 오라클 HCM 역시 클라우드 기반의 인사 관리 소프트웨어로, 다국적 기업들을 중심으로 사용되고 있다. SAP 석세스팩터스는 이들 경쟁자와 비교했을 때, SAP ERP와의 강력한 통합성 및 광범위한 글로벌 네트워크를 강점으로 가지고 있다. 또한, 기업의 전체 인사 관리 사이클을 포괄하는 다양한 모듈을 제공하며, 이를 유연하게 커스터마이징할 수 있는 기능을 제공하는 점에서 경쟁력을 가지고 있다.

코너스톤: 학습 및 인재 관리의 선두 주자

코너스톤온디맨드^{Cornerstone OnDemand}는 1999년 설립된 클라우드 기반 학습 및 인재 관리 소프트웨어 회사로, 전 세계 75개국에서 3,000여 개 이상의 기업들이 이 솔루션을 사용하고 있다. 주로 학습 관리 시스템^{LMS}, 인재 관리, 성과 관리, 그리고 채용 관리 솔루션을 제공한다. 특히 LMS 시장에서 강력한 위치를 차지하고 있으며, 직원 교육 및 경력 개발을 중심으로 기업의 전반적인 인재 관리 사이클을 지원한다.

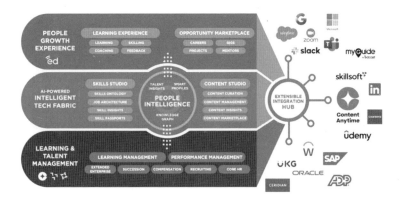

출처: https://www.cornerstoneondemand.com/

코너스톤은 다양한 기업들을 인수하면서 인재 관리 분야에서 전문성을 확보하고 이를 통해 사업을 다각화했다. 2012년에는 클라우드 기반의 인재 관리 소프트웨어 Sonar6를 인수했으며 2014년에는 데이터 분석 소프트웨어 Evolv를 인수하여 본격적으로 HR 데이터 수집 및 분석의 기반을 마련했다. 2018년에는 직원 훈련 플랫폼인 Grovo를 인수하였고, 2022년에는 학습 경험 플랫폼인 Edcast를 인수하였다. 즉 LMS에서 콘텐츠, 채용, 인재 관리 등으로 비즈니스를 점차 확장해 나간 것이다.

코너스톤 주요 기능

1. 학습 관리 시스템

코너스톤의 핵심 기능은 LMS로, 직원들에게 다양한 학습 콘텐츠를 제공하고 학습 진척 상황을 관리할 수 있다. 기업은 이 플랫폼을 통해 직원들에게 맞춤형 교육 콘텐츠를 제공하고, 성과에 맞춘 교육 과정을 설계할 수 있다. 특히, 코너스톤은 다양한 외부 학습 리소스와도 통합되어, 직원들이 온라인 교육, 강의, 인증 과정 등에서 필요한 스킬을 습득할 수 있도록 지원한다.

2. 인재 및 성과 관리

코너스톤은 인재 관리를 위한 포괄적인 솔루션을 제공하며, 직원들의 성과를 평가하고 경력 경로를 설계하는 데 도움을 준다. 성과 관리 도구를 통해 직원들이 목표를 달성하는 과정에서 실시간 피드백을 제공하고, 이를 바탕으로 보상이나 승진 결정을 효율적으로 내릴 수 있다. 또한, 직원들의 성과 데이터를 분석해 강점과 약점을 파악하고, 이에 맞춘 교육 프로그램을 설계하는 데 도움을 준다.

3. 채용 관리

코너스톤은 기업이 채용 과정을 최적화할 수 있도록 지원한다. AI 기반의 채용 도구를 통해 적합한 인재를 자동으로 추천하고, 후보자의 경력 및 스킬을 분석하여 기업에 적합한 인재를 빠르게 선발할 수 있도록 돕는다. 이를 통해 기업은 채용 프로세스를 단축하고, 더 나은 인재를 확보할 수 있다.

코너스톤은 프랑스의 스킬 기반 테크 기업인 클러스트리^{Clustree}를 인수한 뒤, 본격적으로 스킬 기반의 체계를 구축하기 시작했다. 코너스톤이 가지고 있는 스킬 데이터와 클러스트리의 스킬 체계를 접목하여 그들만의 스킬 프레임워크를 만든 것이다.

코너스톤의 데이터 수집 방법은 링크드인과 비지어의 방식을 합친 것과 같다. 공개된 인적자원 및 직무 관련 데이터와 ESCO, ROME 등 기관 데이터, 그리고 15개 국가의 100개 이상 산업에 퍼져 있는 자사의 고객 데이터 등에서 무려 2억 5,000만 개 스킬 데이터를 수집한다. 그리고 이를 5만 3,000여 개 스킬로 표준화하고 머신러닝 기술을 접목해 코너스톤만의 스킬 프레임워크를 구축한다.

코너스톤의 스킬 분류 체계는 상하 구조가 아닌 스킬에 태그를 지정하여 빠르게 변화하는 환경에서 실제 산업 현장에서 필요한 스킬을 이해하고 전략적으로 개발하는 것이 용이하다는 게 특징이다. 직무와 스킬의 관계를 중심으로 스킬 분류 체계가 구성되어 있으며, 직무별로 연관 직무와 필요한 스킬에 대한 정보를 포함하고 있다. 하나의 직무 타이틀^{Job Title}에 필요할 것으로 예상되는 스킬^{Predicted Skill}이 태그 형식으로 연결되어 있다. 예를 들면, 시니어 기술 지원 엔지

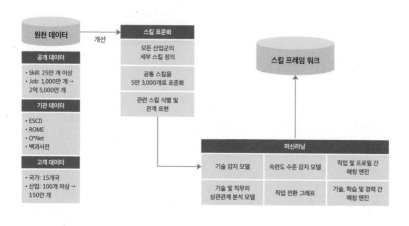

니어Senior Technical Support Engineer라는 직무 타이틀에는 서버, 리눅스, VPN, 시스템 관리System Administration, 클라우드 컴퓨팅 등 다양한 스킬이 매칭되어 있다. 그리고 이와 연결된 직무, 그리고 이 연결된 직무와 현재 직무 간 유사도Job Title Distance 등의 데이터도 스킬 분류 체계에 포함되어 있다.

코너스톤의 주요 경쟁자는 SAP 석세스팩터스와 워크데이를 꼽을 수 있다. SAP 석세스팩터스가 종합적인 HR 솔루션을 제공하는 데 비해, 코너스톤은 학습과 경력 개발에 더 중점을 둔 전문적인 기능을 제공한다. 워크데이 역시 강력한 경쟁자이지만, 코너스톤은 다양한

그림 c 코너스톤의 태그 중심 스킬 분류 체계

Job Title	Senior technical support engineer		
Predicted Skills	technical support / servers / troubleshooting / linux / networking / active directory / VMware Software installation / window server / switches / System / administration / TCP/IP / firewalls data center / network administration / virtualization / operating systems / unix / cloud computing telecommunications / VPN / databases / security / cisco technologies / routers / backup ···		

| Related Job Title | • Customer support engineer
• Sr system engineer
• IT engineer
• Support engineer
• Technical support engineer
• Solution engineer | Job Title Distance | other job Title
product support engineer

Based On   Distance
Job Title   0.162
Skills   0.191 |

학습 리소스와의 통합성을 강조하여 더욱 폭넓은 학습 경험을 제공
한다.

디지털 학습 및 리스킬링 수요의 증가에 따라 코너스톤의 미래 성
장 가능성은 매우 밝다. 코로나19 이후 기업들은 디지털 전환을 가속
화하고 있으며, 직원들이 급변하는 기술 환경에 적응하기 위해 지속
적으로 새로운 스킬을 습득해야 하는 상황에 직면해 있다. 이에 따라
코너스톤은 디지털 학습 시장에서 강력한 입지를 유지할 것으로 보
인다.

비지어: 인재 분석과 인사이트를 통한 HR 혁신

비지어Visier는 2010년에 설립된 HR 분석 및 인재 인사이트 제공 솔루션 회사로, HR 데이터를 기반으로 인재 관리 및 성과 향상을 위한 다양한 분석 도구를 제공한다. 비지어는 특히 인력 분석People Analytics 분야에서 주목받고 있으며, 데이터 기반으로 직원들의 성과, 이직률, 참여도 등을 분석해 기업이 인재 관리 전략을 보다 효과적으로 수립할 수 있도록 지원한다.

비지어는 HR 부문에서 발생하는 방대한 데이터를 효율적으로 분석하고, 이를 바탕으로 의미 있는 인사이트를 도출하는 데 중점을 두고 있다. 특히, 기업들이 채용, 성과 관리, 승진 및 퇴사 예측 등 다양한 HR 과제에서 데이터에 기반한 의사결정을 내릴 수 있도록 돕는 것이 비지어의 주요 강점이다. 따라서 비지어의 핵심 기능은 HR 데이터를 분석하여 직원 관리 전략에 중요한 인사이트를 제공하는 것이다. 비지어는 HR 부서의 데이터를 분석하고, 이를 통해 기업이 보다 정확한 예측을 하고, 문제를 사전에 해결할 수 있도록 돕는다.

비지어는 오넷O*NET, 에스코ESCO, 세계경제포럼World Economic Forum, OIT 등 공인된 기관으로부터 공개된 데이터를 기반으로 직무와 스킬에 대한 정보를 가져온다. 여기에 각종 학술연구 자료, 채용 사이

트 데이터 분석, 산업 동향 분석 자료 등을 결합하여 스킬 데이터를 구축한다. 비지어가 구축한 스킬 데이터에는 직무명, 직무 설명, 관련 스킬 정보 등이 포함된다.

비지어의 스킬 체계는 소프트 스킬과 하드 스킬, 그리고 지식 등 3개로 크게 나뉜다. 각 스킬은 슈퍼 스킬Super Skill, 메타 스킬Meta Skill, 스킬 등 3가지 체계로 구성되어 있다. 예를 들면 하드 스킬 내 슈퍼 스킬에는 엔지니어링이 포함된다. 그 아래 AI가 메타 스킬에 포함될 수 있으며, 메타 스킬을 구현하기 위한 스킬로 머신러닝, 생성형 AI 등이 포함되는 구조다.

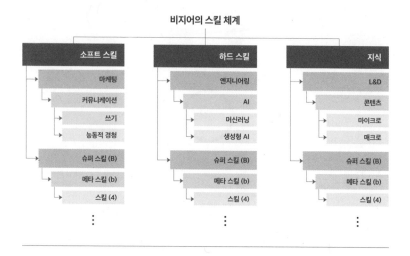

비지어의 주요 기능

1. 인재 분석

비지어의 가장 대표적인 기능은 인재 분석이다. 비지어는 직원들의 이직 가능성, 참여도, 성과 등을 분석하여, 기업이 인재 관리를 보다 전략적으로 할 수 있도록 지원한다. 예를 들어, 특정 부서에서 높은 이직률이 발생하는 경우 그 원인을 분석하고, 이를 해결할 수 있는 조치를 제안하는 기능을 제공한다. 또한, 직원들의 학습 및 성과 데이터를 기반으로 적절한 승진과 보상 계획을 세울 수 있다.

2. 이직 예측 및 성과 관리

비지어는 AI를 활용해 직원들의 이직 가능성을 예측할 수 있다. 이를 통해 기업은 핵심 인재가 이직할 위험이 높은 경우 사전에 대처할 수 있다. 또한, 비지어의 성과 관리 도구는 직원들의 성과 데이터를 실시간으로 분석하여, 경영진이 보다 정확한 보상과 승진 결정을 내릴 수 있도록 돕는다.

3. 다양성 및 포용성 분석

비지어는 다양성 및 포용성 분석 도구도 제공한다. 이는 기업이 직원들의 성별, 인종, 연령 등 다양한 데이터를 분석하여, 공정한 채용 및 승진 기회를 제공하고 있는지 평가할 수 있도록 돕는다. 이러한 분석을 통해 기업은 다양한 배경을 가진 직원들이 조직 내에서 평등하게 성장할 수 있도록 보장하는 데 도움을 받을 수 있다.

비지어는 HR 분석 시장에서 독보적인 위치를 차지하고 있다. 특히 대기업 및 글로벌 기업들이 데이터를 기반으로 인재 관리 전략을 수립할 수 있도록 돕는 도구로 많은 신뢰를 받고 있다. 이들은 HR 부문에서 발생하는 방대한 데이터를 처리하고, 실질적인 비즈니스 성과를 높이는 데 집중한다. 주요 경쟁자로는 ADP의 HR 분석 도구 및 워크데이의 분석 모듈이 있다. ADP와 워크데이는 인재 관리 기능을 포함한 종합적인 HR 솔루션을 제공하지만, 비지어는 HR 분석에 집중하여 더욱 전문적인 인사이트를 제공한다. 특히 비지어는 예측 분석과 시각화를 통한 데이터 해석이 강점으로, HR 부서가 인재 관리에서 의사결정을 내릴 때 더 깊이 있는 통찰을 제공한다.

비지어는 최근 HR 데이터 및 스킬 체계에 생성형 AI를 접목한 서비스 비[Vee]를 출시해 주목받고 있다. 해당 서비스를 통해 기업 담당자들은 챗GPT를 사용하는 것과 동일한 경험으로 HR에 대한 인사이트를 얻을 수 있다. 예를 들면 비에 "우리 회사 다양성 수준을 분석해 주고, 어떠한 문제가 발생할 수 있을지 예측해 줘"라고 문장 형식으로 질문을 입력하면, 이에 대한 상세한 데이터는 물론 구체적인 답변을 얻을 수 있는 것이다.

링크드인: 학습 및 인재 관리의 선두 주자

링크드인[LinkedIn]은 2003년에 설립된 세계 최대의 비즈니스 네트워킹 플랫폼으로, 약 9억 명 이상의 사용자가 개인 프로필을 통해 경력과 네트워크를 관리하는 서비스이다. 링크드인은 2016년 마이크로소프트에 인수된 이후, 더욱 강력한 인재 채용 플랫폼으로 자리 잡았으며, 기업들이 인재를 발견하고 연결할 수 있는 글로벌 HR 허브 역할을 하고 있다.

링크드인은 단순한 네트워킹 도구에서 출발했지만, 현재는 채용, 학습, 경력 개발까지 아우르는 종합 HR 플랫폼으로 성장했다. 특히 링크드인 러닝^{LinkedIn Learning}과 같은 기능을 통해 직원들의 스킬을 향상하고, 경력 발전을 돕는 솔루션을 제공한다. 또한, AI 기술을 적극 활용하여 사용자 맞춤형 학습 콘텐츠 추천 및 직무 제안 등의 기능을 제공하면서 HR 테크 시장에서 강력한 입지를 유지하고 있다.

링크드인 주요 기능

1. 링크드인 탤런트 솔루션즈

링크드인의 탤런트 솔루션즈^{Talent Solutions}는 기업이 전 세계의 인재 풀에서 적합한 인재를 찾고 채용할 수 있도록 돕는 기능이다. 기업은 직무 공고를 게시하고, AI 기반의 인재 추천 기능을 통해 지원자와 매칭할 수 있다. 이 시스템은 사용자 프로필에 기초해 후보자의 경력, 스킬, 네트워크 등을 분석하여, 기업의 요구에 맞는 적합한 후보자를 추천한다. 기업은 링크드인 리쿠르트^{LinkedIn Recruiter} 도구를 사용해 전 세계의 인재를 검색하고, 맞춤형 메시지를 통해 직접 접근할 수 있다.

2. 링크드인 러닝

링크드인은 학습 관리 시스템을 강화하기 위해 2015년 린다닷컴^{Lynda.com}을 인수하고, 이를 기반으로 링크드인 러닝을 출범했다. 링크드인 러닝은 비즈니스, 기술, 창의적인 스킬을 포함한 다양한 주제에 대한 강의를 제공하여, 직원들이 새로운 스킬을 습득하고 경력을 발전시킬 수 있도록 돕는다. 사용자는 자신의 경력 목표나 관심 분야에 맞춰 맞춤형 학습 경로를 설정할 수 있으며, 기업은 직원들에게 필요한 학습 콘텐츠를 제공함으로써 조직 내 스킬 갭을 해결할 수 있다.

3. 스킬 평가 및 추천

링크드인은 사용자의 스킬 평가 기능을 통해 직무에 필요한 기술을 인증하고, 이를 프로필에 추가할 수 있는 시스템을 제공한다. 이 기능은 특히 채용 과정에서의 신뢰성을 높여 주며, 기업들이 지원자의 실제 스킬 수준을 확인하는 데 도움을 준다. 또한, 사용자의 프로필을 분석해 맞춤형 직무 제안을 제공하고, 해당 직무에 적합한 스킬을 추천한다. 이러한 기능은 사용자들이 자신의 경력 개발 방향을 명확히 설정할 수 있도록 돕고, 필요한 학습 기회를 제공하여 경력 성장에 기여한다.

4. 네트워킹과 인재 관리

링크드인의 강력한 네트워킹 기능은 인재 관리와 직무 매칭에서 중요한 역할을 한다. 사용자는 전문가 네트워크를 확장하고, 자신과 비슷한 경력을 가진 사람들과의 연결을 통해 직무 기회를 모색할 수 있다. 기업들은 링크드인을 통해 인재 브랜딩을 강화하고, 적극적으로 인재 풀을 관리함으로써 적시에 적합한 인재를 확보할 수 있다.

링크드인이 스킬 데이터를 수집하고 구축하는 가장 큰 기반은 그들이 운영하는 채용 플랫폼 서비스다. 이 플랫폼에 채용담당자, 구직자가 업로드한 이력서, 직무기술서, 채용공고, 콘텐츠 정보, 프로필 데이터, 기업 소개 등의 데이터를 수집해 분석하여 실제 시장에서 통용되는 스킬을 도출해 낸다. 링크드인이 가지고 있는 방대한 양의 데이터는 이 기업의 가장 큰 자산이자 무기이기도 하다. 실제 에잇폴드닷에이아이 등 인공지능 기반 HR 분석 플랫폼 중 대부분은 링크드인에 공개된 인적자원 데이터를 활용하기도 한다.

링크드인은 도출된 스킬 간의 계층 관계를 구조화하여 총 3만 9,000여 개의 스킬 세트를 구축한다. 스킬 도출에 머신러닝 기술뿐만 아니라 휴먼 큐레이션Human Curation이 적용된다는 것은 링크드인의 특징으로 꼽을 수 있다. 이러한 작업을 통해서 링크드인은 보다 현실에서 통용되는 것과 가까운 스킬 세트를 도출하는 것이다.

링크드인의 스킬 분류 체계는 크게 하드 스킬과 소프트 스킬로 나뉜다. 하드 스킬은 교육, 경험, 훈련을 통해 습득되는 측정 가능하고 객관적이며, 특정 직무에 필수적인 기술 및 지식을 의미한다. 하드 스킬 분류 체계는 직무 기능, 역량, 스킬과 하위 스킬Sub Skill 등 4개 계층으로 이뤄져 있다. 여기에서 하위 스킬이란 스킬에 필요한 지식, 소

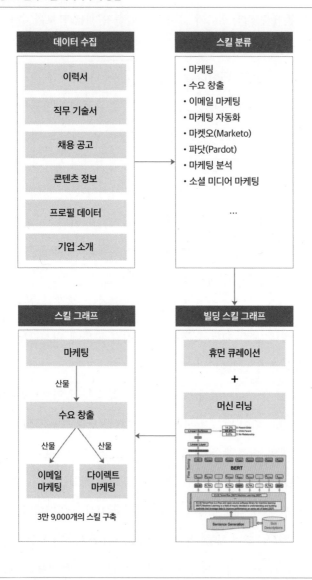

프트웨어 등을 의미한다. 예를 들어, 스킬이 머신러닝이라면 하위 스킬에는 머신러닝에 필요한 소프트웨어인 파이토치[Pytorch], 텐서플로[TensorFlow] 등이 포함되는 것이다.

소프트 스킬은 개인의 태도, 사회적인 상호작용 능력 등과 관련된 조직 내외에서 효과적으로 협력하고 소통하는 데 필요한 지식 및 기술을 의미한다. 소프트 스킬 체계는 직무, 역량, 스킬 등 3개 체계로 이뤄져 있으며, 직무별 공통으로 요구되는 역량과 스킬이 하드 스킬에 비해 많다는 것이 특징이다. 예를 들면 글쓰기, 능동적 경청[Active Listening] 등의 스킬은 커뮤니케이션 역량과 설득 역량에 공통으로 포함되며, 커뮤니케이션 역량은 마케팅, 세일즈 등 다양한 직무에 필요한 것으로 분류된다.

링크드인은 AI와 머신러닝을 적극적으로 활용해 맞춤형 인재 추천 및 직무 제안을 제공하는 데 강점을 보이고 있다. 기업들은 링크드인을 통해 인재의 과거 경력뿐만 아니라, 잠재력을 평가하는 데도 도움을 받고 있으며, 이러한 AI 기반의 기능은 링크드인의 채용 성공률을 높이는 핵심 요소이다. 링크드인과 경쟁하는 플랫폼으로는 인디드[Indeed], 글래스도어[Glassdoor] 등이 있지만, 링크드인은 단순한 채용 사이트가 아닌, 직무 중심의 소셜 네트워크라는 특성을 가지고 있어 더욱 포괄적인 인재 관리와 학습 기능을 제공한다. 또한, 마이크로소프트와의 통합을 통해 아웃룩[Outlook], 팀즈[Teams], 오피스 365[Office 365]와 같은 비즈니스 툴과 원활하게 연동된다는 점이 큰 경쟁력으로 작용한다.

링크드인은 기업용 HR 솔루션을 더욱 확장하고 있으며, 특히 링크드인 탤런트 인사이트^{LinkedIn Talent Insights}와 같은 도구를 통해 기업이 시장 내 인재 동향을 분석하고, 인재 관리 전략을 수립할 수 있도록 돕는다. 이러한 기능은 기업들이 더 나은 인재 관리 결정을 내리는 데 중요한 역할을 할 것으로 기대된다.

스킬 기반 HR 플랫폼은 기업이 인재 관리를 더 효과적으로 할 수 있도록 돕는 핵심 도구로 자리잡고 있다. 특히 디지털 전환과 함께 HR 기술이 빠르게 발전하면서, 기업들은 직원들의 스킬과 역량을 지속적으로 관리하고 강화하는 것이 필수적인 요소가 되었다. 앞서 소개한 플랫폼들은 각각의 강점을 바탕으로 HR의 다양한 요구를 충족시키고 있으며, 앞으로도 이러한 플랫폼들은 더욱 발전된 기술을 통해 HR의 혁신을 이끌 것이다.

결론적으로, 스킬 기반 HR 플랫폼의 역할은 앞으로도 확장될 것이며, 이를 통해 기업들은 미래의 인재를 관리하고 경쟁력을 유지할 수 있을 것이다. 이러한 플랫폼들이 제공하는 기능들은 HR 부서의 운영 방식에 큰 변화를 일으킬 것이며, 인재 중심의 HR이 곧 기업의 성공을 좌우하는 중요한 요소가 될 것이다.

SKILLS FIRST

스킬 퍼스트

초판 1쇄 인쇄 2025년 1월 2일
초판 1쇄 발행 2025년 1월 9일

지은이 홍정민 변솔 이승태

기획/편집 정은아
마케팅 총괄 임동건 **마케팅** 안보라 **경영지원** 임정혁 이순미

펴낸이 최익성 **펴낸곳** 플랜비디자인

표지 디자인 장상호 **본문 디자인** 박은진

출판등록 제2016-000001호
주소 경기도 화성시 동탄첨단산업1로 27 동탄IX타워 A동 3210호
전화 031-8050-0508 **팩스** 02-2179-8994
이메일 planbdesigncompany@gmail.com

ISBN 979-11-6832-152-6 (03320)